Robert Halfmann

Die Bilder und Vergleiche in Pulcis Morgante

nach Form und Inhalt untersucht und mit denen der Quellen dieses Gedichtes

verglichen

Robert Halfmann

Die Bilder und Vergleiche in Pulcis Morgante
nach Form und Inhalt untersucht und mit denen der Quellen dieses Gedichtes verglichen

ISBN/EAN: 9783743483361

Hergestellt in Europa, USA, Kanada, Australien, Japan

Cover: Foto ©ninafisch / pixelio.de

Manufactured and distributed by brebook publishing software (www.brebook.com)

Robert Halfmann

Die Bilder und Vergleiche in Pulcis Morgante

AUSGABEN UND ABHANDLUNGEN
AUS DEM GEBIETE DER
ROMANISCHEN PHILOLOGIE.
VERÖFFENTLICHT VON E. STENGEL.

XXII.

DIE

BILDER UND VERGLEICHE

IN PULCI'S MORGANTE

NACH FORM UND INHALT UNTERSUCHT UND MIT
DENEN DER QUELLEN DIESES GEDICHTES VERGLICHEN.

VON

ROBERT HALFMANN.

MARBURG.
N. G. ELWERT'SCHE VERLAGSBUCHHANDLUNG.
1884.

Einleitung.

Die vorliegende Untersuchung beabsichtigt, durch eine vergleichende Darstellung der Bilder und Vergleiche, welche uns in dem »Morgante maggiore« von Luigi Pulci und den von ihm benutzten Vorlagen begegnen, einen Beitrag zur Poetik des italienischen Ritterepos zu liefern. Die erste Anregung zu einer derartigen Arbeit gab mir die Interpretation obigen Werkes in den italienischen Übungen meines hochgeschätzten Lehrers, des Herrn Professor Dr. E. Stengel. Mein Freund W. Tappert, mit welchem ich dann gemeinsam Ariosto's »Orlando furioso« las, bestärkte meinen Entschluss insofern, als er das letztere Gedicht mit dem ihm voraufgehenden »Orlando innamorato« des Bojardo nach derselben Richtung hin zu untersuchen übernahm. Es leitete mich dabei der Gedanke, dass Pulci mit seiner Dichtung eine gesonderte Stellung einnimmt, indem dieselbe weniger des ästhetischen Genusses halber geschrieben ist, vielmehr eine satirische Tendenz verfolgt, auf die ich im Laufe meiner Untersuchung noch häufiger zurückkommen werde.

Die meisten älteren italienischen »romanzi cavallereschi« sind nichts weiter als einfache, durchaus trockene Erzählungen der Kämpfe eines Helden auf seinen Fahrten, oder sie schildern die Thaten des karolingischen Heeres auf seinen Zügen und schliessen sich dem Inhalte nach getreu an ein französisches Vorbild an.[*)] Zu jener ersten Klasse epischer Dichtungen gehört

---

*) Über die Entwicklung des italienischen Ritterepos vgl. Pio Rajna's vortreffliches Buch: »Le fonti dell' Orlando furioso, Ricerche e Studii di Pio Rajna, Firenze 1876«.

die eine der beiden Quellen des »Morgante maggiore«, welche von Pio Rajna entdeckt und mit »Orlando« bezeichnet ist.*) Sie findet sich handschriftlich in der Laurenziana zu Florenz. Dagegen müssen wir zu der letzten Kategorie von Volksepen die »Spagna in rima« rechnen, deren letzte Gesänge die Vorlage zu den letzten Canti des Morgante bilden. Ihr Autor gehört zu jenen Poeten, die wir als italienische Jongleurs bezeichnen können, welche von Stadt zu Stadt ziehend, oder auch vielleicht in einem Orte ansässig, öffentlich ihre Dichtungen vortrugen.

Im Gegensatz zu diesen naiven volksthümlichen Dichtungen ist der Morgante als tendenziös, höfisch zu bezeichnen. Er ist der Ausdruck der Stimmung der Gebildeten seiner Zeit, welche jene alten Ritterepen nicht mehr befriedigten und die deshalb nach einer Reform auf diesem Gebiete verlangten. Damit aber wurde das Dichten aus dem Gewerbe eine Kunst; die einfachen Bilder und Vergleiche wurden durch breit ausgeführte ersetzt. Pulci's Gedicht bildet den Übergang von jenen volksthümlichen »romanzi cavallereschi« zu den Kunstepen des XVI. Jahrhunderts. Sein Verdienst ist ein wesentlich negatives und besteht hauptsächlich darin, die zum Theil höchst trivialen Schöpfungen der Volksdichter der Lächerlichkeit preisgegeben zu haben. Doch trägt seine Dichtung dabei schon eine durchaus individuelle Färbung. Mit dem ganzen Ernste eines Cantatore di piazza erzählt er zwar die wunderbarsten und ungeheuerlichsten Abenteuer seiner Helden, versteht es aber doch in meisterhafter Weise, sei es durch masslose Übertreibungen, sei es durch fein hinzugefügte Bemerkungen, seine parodistischen Zwecke zu erreichen. In dieser Hinsicht steht er weit mehr über seinem Stoffe als Bojardo.

---

*) »La materia del Morgante in un ignoto poema cavalleresco del secolo XV. Per Pio Rajna, Bologna 1869.« Es ist dies eine Untersuchung, auf die ich mich noch häufiger beziehen werde; sie ist erschienen in der Zeitschrift: »Il Propugnatore« (1869). Ein Referat darüber findet sich im »Jahrbuche für romanische und englische Literatur«; herausgegeben von Lemcke, Bd. XI, p. 225.

Auch auf das religiöse Gebiet erstreckt sich seine Satire, wie die seinen Gesängen vorausgeschickten Gebete ergeben, welche zum Theil geradezu atheistische Anschauungen verrathen. Wir können diesen Zug schon als ein Symptom jener antiklerikalen Richtung, die später in der italienischen Poesie noch deutlicher auftritt, betrachten. Dass aber Pulci mit dem vollen Bewusstsein, eine neue Ära in der epischen Literatur seines Vaterlandes zu beginnen, seinen Morgante geschrieben hat, lässt sich dennoch kaum annehmen; gewiss ist jedoch, dass seine Dichtung nach dieser Seite hin ausserordentlich fördernd auf seine Zeitgenossen gewirkt hat.

Was nun den Styl des Morgante betrifft, so ist klar, dass er von der Tendenz des Autors beeinflusst worden sein muss. Namentlich sind es denn auch die Bilder und Vergleiche, durch deren drastische Auswahl er seine parodistischen Effekte herbeizuführen pflegt; andere wieder verrathen schon einen feinen, künstlerischen Geschmack. Recht lehrreich in dieser Beziehung ist eine Vergleichung des Morgante mit seinen beiden oben erwähnten Vorlagen.

Übrigens zerfällt der Morgante nicht nur den benutzten Quellen sondern auch der Zeit der Abfassung nach in zwei gesonderte Theile. Für letztere Ansicht spricht besonders eine genauere Prüfung der Zahl der in beiden Theilen enthaltenen Bilder und Vergleiche. Während nämlich in dem ersten Theile, welcher die Gesänge 1—23 umfasst, auf je neun Stanzen durchschnittlich nur zwei Bilder und Vergleiche entfallen, sind in der letzten Hälfte, aus Canto 24—28 bestehend, auf je elf Stanzen allein fünf derselben zu setzen. Ebendarauf deutet, dass die erste Ausgabe des Morgante vom Jahre 1481 nur den ersten Theil dieses Gedichtes bis zur letzten Stanze des Canto 23 bietet. Während dieselbe in der Redaktion des Morgante mit den Worten schliesst:

>Direm quel che segui nel nuovo canto
>Colla virtù del Santo, Santo, Santo,

endigt sie in der ersten Ausgabe:

> Dirara quel che segui nellaltro mondo
> Cristo uiscampi dallo infernal fondo.

Alsdann folgten die auch in der Bearbeitung beibehaltenen drei Schlussstanzen:

> Salve regina madre gratiosa etc.

mit geringen Abänderungen. Die wichtigste derselben ist die am Schlusse der letzten Stanze, in dem es heisst:

> Io tenepriego per le sue virtute
> Che gli conceda almondo & inciel salute.

Dann aber folgt noch ein Sonett, eine Lobpreisung Karl's:

> Felice Carlo imperator romano
> Glorioso signor degno di lode
> Deli gesti delqual il mondo gode
> Non che litalia & francia & lalamano.
>
> Felice fosti in guerra & tucti il sano
> Felice in pacie come aperto se ode
> Felice in tucte lopre sancte & sode
> In morte piu chel buon mario romano.
>
> Ma dopo il fatal corso al mondo mai
> Chi piu dite fortunato sapella
> Dutanti et tal poeti celebrato
>
> Vedi lector lexperianza omai
> Legendo dimorgante lopra bella
> Che non piacer ti fara consolato
>
> E questo fu stampato
> Per Luca Venetiano stampatore
> Che sopra gli altri piu degno d'honore.
> MccccLxxxi A di, 26 del mese di februario.

Das einzige bekannte Exemplar dieser Ausgabe wird in der Bibliothèque nationale zu Paris aufbewahrt. Es führt im Kataloge unter Nr. 3435 den Titel: »Li fatti di Carlo Magno e de' suoi Paladini opere del Morgante date in luce per Pulci. Venetia, per Luca Venetiano 1481 fol.«; das Titelblatt im Buche selbst ist herausgerissen. Das Werk ist in Quartform gebunden, die Seiten desselben sind nicht paginirt, ebenso fehlt die Eintheilung in Gesänge. Ich liess das Buch auf eine Notiz in Melzi-Tosi p. 231 hin durch meinen Freund Carl Sporleder einsehen, dem ich hiermit für die mitgetheilten Notizen meinen besten Dank ausspreche.

Aber auch von einem Theile der letzten Gesänge des Morgante existirt ein Separatabzug oder vielmehr eine Bearbeitung, die Gesänge 26—27 st. 153 umfassend. Das Büchlein, von welchem mir ein Prof. Stengel gehöriges Exemplar vorliegt, ist betitelt: »La rotta di Roncisvalle, dove mori' Orlando con tutti i Paladini. Nuouamente ristampata e di Bellissime Figure adornata. Et con somma diligenza Ricorretta. Padova et in Bassano. Per Gio: Antonio Remondini.« Die Angabe der Jahreszahl fehlt, doch lässt eine Illustration, welche zwei ungepanzerte Reiter aus Pistolen auf einander feuernd darstellt, auf ein keineswegs hohes Alter des Druckes schliessen.

Es ist auffallend, dass auf dem Titelblatte Pulci nicht als Verfasser angegeben ist, ebenso dass der Text von dem des Morgante stellenweise bedeutend abweicht, indem sich in jeder Stanze einzelne abweichende Worte oder abweichende Zeilen finden. Zuweilen jedoch erstreckt sich die Verschiedenheit beider auf ganze Stanzen, wenn auch der Inhalt im Allgemeinen in beiden derselbe ist.

Die Hauptunterschiede sind kurz folgende:

1) Da, wo Pulci das religiöse Moment in seine Dichtung hineinbringt, finden sich in der Rotta Abweichungen, vornehmlich da, wo in den Versen Pulci's versteckt oder offen ein Spott zu erkennen ist. An solchen Stellen geschieht es, dass in der Rotta ganze Stanzen von denen des Morgante abweichen, so am Schlusse dieser Dichtung, wo Turpin Orlando die Beichte abnimmt und die Wunder beim Tode des letzteren sich offenbaren. (M. 27,117—120; 125—128; 132—140.)

2) Die Betheiligung des Astarotte und der anderen Teufel an dem Kampfe, welche von Pulci in so drastischer Weise geschildert wird, fehlt in der Rotta; gerade an diesen Stellen ist die Abweichung ganz charakteristisch, z. B.: entsprechend dem 27. Gesange st. 51 Pulci's, Rotta II, 51 s—s:

> Con gran fracasso e dir non saprei come
> Poiche chi fere, e fora, e chi può ciuffa
> Vestiti & altro, prendon per le chiome
> Hor questo e quello in strana barabuffa

> Nè s'udiua nessun chiamar per nome
> Nè si poteua dir ohimè son morto
> Sperando per lamento hauer conforto.

3) Da, wo im Morgante das komische Element stark auftritt, finden sich in der Rotta Umänderungen. So an den Stellen: M. 26,6₄—₈; 26,141₇—₈; 27,115₈.

4) An einzelnen Stellen finden sich im Morgante Anspielungen auf geschichtliche Personen oder Ereignisse, welche uns in der Rotta nicht begegnen; so: M. 26,28₁—₂; 26,45₈; 26,131₇—₈; 27,39₅; 27,56₆; 27,74₈.

5) Auffällig sind Abweichungen in einzelnen Worten, wo durch einen einzelnen verschiedenen Konsonanten ein anderer Sinn hervorgerufen wird:

M. 26,58₈: E le barde (R.: barbe) a dipigner paonazze.
M. 26,73₁: E quel corbachion (R.: cornacchion).
M. 76,78₆: monte (R.: fonte).
M. 27,2: Et Alcuino (R.: alcuno) cosi mi promettea.

6) Dieser Unterschied führt nun aber in der Rotta zu Widersinnigkeiten, indem meist durch ein so verändertes Wort der Satz nicht mehr in den Zusammenhang passt. Zum Theil lassen sich diese Fehler schon als solche aus den Reimen erkennen, z. B.:

R. I,37₁: Ricordateui ogn' hor di quei buon Duci (M. Deci),

was später mit *Greci* reimen soll. Ferner R. I,73₂, wo *dosso*, statt des richtigen *modo* des Morgante, später mit *sodo* reimen soll.

Aus dem Sinn des Satzes ergeben sich derartige Fehler:

R. I,68₆: Niente della sua Cella (M.: sella) si fù mosso.
I,92₆: Che giusto (M.: guasto) non gli sia l'ordine dato.
I,123₄.-₅: Come innanzi a Leon gli armati (M.: armenti) fanno. E spesso in Barco (M.: parco) i Capriuoli.
I,125₈: E cominciaua à far de noccherini (M.: muncherini).
I,128₁: Che non si fè più strazio d'Acherone (M.: Ateonne.
I,132₇: E non sapea interpretar il resto (M.: testo).
II,8₅: Tu sarai presto giù ne' passi (M.: bassi) Stigi.
II,23₈: al gioco de corona (M.: delle corna).
II,37₄: E qual nuouo Titon (M.: tiron).
II,79₅: mentre (M.: mente) per la strozza.
II,94₄: Fà mo à tuo modo adesso tu riporti (M.: Dicendo: Fama a tuo modo riporti.
II,94₈: Non altrimenti che Mardello (M.: Marcello) o Pirro.

und andere.

Aber nicht nur durch Veränderung einzelner Worte entstehen Widersprüche in der Rotta, sondern es ergeben sich solche auch da, wo der Verfasser derselben sich inhaltlich von Pulci entfernt. So erzählt derselbe, dass nach dem Verschwinden des Teufels, welcher Rinaldo aus Egypten nach Roncisvalle geleitet hatte:

> Rinaldo all' hor rimase iui soletto
> E fè chiamar un suo fedel paggetto.

Den Letzteren schickt er weiterhin auf einen Hügel, um nach dem Stande der Schlacht zu sehen. Wo bleibt denn Ricciardetto, von dem der Verfasser doch kurz vorher noch erzählte, er sei mit Rinaldo zugleich angekommen? und woher kommt der Page?

Vorstehende Erörterungen genügen schon, um darzuthun, dass die Rotta nur ein Auszug aus Pulci's Morgante sei. Dafür spricht aber noch weiter, dass der Verfasser der Rotta sich im wörtlichen Anschlusse an den Morgante auf Angaben in einem früheren Gesange beruft, z. B.:

> I, 8 ₁: Intanto, com' io dissi, è comparito,

oder:
> I, 117, ₈: Come in altro cantar già dissi e scrissi;

was er aber sagte, findet sich im 25. Gesange des Morgante.

Auch an einigen Reimen macht sich die Abhängigkeit von Pulci bemerkbar, indem der Verfasser der Rotta an den abweichenden Stellen einige Male dieselben Reimworte wiederholt. So gebraucht derselbe II, 37 bei Beginn der Stanze als Reimwort *erra*, wendet dasselbe aber später da, wo er sich an Pulci wieder anschliesst, noch einmal an; ebenso II, 56. Schliesslich führe ich noch an, dass an einer Stelle in der Rotta (II, 40 ₇) das Bild des Schiffes, welches wir im Morgante vom ersten Gesange an in steter Wiederholung verfolgen können, für das Gedicht selbst angewandt wird. Dass die satirischen Stellen des Morgante umgeändert sind, wird durch Annahme einer Umgestaltung dieses populärsten Theiles des Morgante durch einen Geistlichen oder irgend einen frommen Dichter zu erklären sein. Und dass es derartige schlechte Bearbeitungen dieser

Dichtung gab, geht aus einer Notiz in der Vorrede zu der von mir benutzten Ausgabe des Morgante maggiore hervor, wo es heisst: »In dieser Ausgabe ist der Morgante in seiner ursprünglichen Fassung wieder gedruckt: in tutte l'altre edizioni è molto travisato che appena il proprio autore lo ravviserebbe per suo.«

Diese Ausgabe ist veranstaltet von Pier Ismaele Pedagucci und stammt aus dem Jahre 1732. Daneben verglich ich die bei Le Monnier, Firenze 1855, erschienene, sowie die der Biblioteca classica economica von E. Sonzogno in Mailand.

Kapitel I.
Die Form der im Morgante und seinen Vorlagen verwandten Bilder und Vergleiche.

Wir unterscheiden zunächst zwischen ausgeführten und einfachen Bildern und Vergleichen. In erster Reihe führen wir diejenigen an, welche wir zu den im engeren Sinne ausgeführten rechnen; in ihnen wird das Bild oder der Vergleich in seinen Einzelheiten dem Leser ausgemalt.

A. Ausgeführte Bilder und Vergleiche.

1) **Weiter ausgeführte Bilder.**

1] Im ersten Theile unserer Dichtung fehlen ausgeführte Bilder fast vollständig; in den letzten fünf Gesängen können wir als solche betrachten: 24, 148 $_{3-8}$; 25, 64 $_{1-4}$; 25, 112 $_{1-8}$; 27, 90 $_{1-8}$.

2] Besonders zu erwähnen ist das Bild des Schiffes, welches der Dichter gleich im ersten Gesange gebraucht und später immer wieder aufnimmt; es wird namentlich in den letzten

Gesängen ausgeführt: 1,4₁; 2,1ₛ—ₛ; 3,1₇—ₛ; 14,1₇—ₛ; 21,1₄—ₛ; 27,175₁; 28,2₄—ₛ; 28,3₇—ₛ; 28,24₄—ₛ; 28,25₁—ₛ; 28,47ₛ—ₛ; 28,130₁—ₛ; 28,140₁—₂; 28,154ₛ.

2) **Weiter ausgeführte Vergleiche.**

3] Dieselben werden eingeleitet durch:

a. die Vergleichungspartikel *come:* 7,46ₛ—ₛ; 21,37ₛ,38₁—ₛ; 21,100ₛ—₇; 22,36ₛ—₇; 22,155ₛ—ₛ; 24,20₁—₄; 24,134ₛ—ₛ; 26,25ₛ—ₛ; 27,57ₛ—ₛ; 27,110₄—₇; 28,105₄—ₛ;

4] b. das Verbum *parere:* 2,72ₛ—ₛ; 27,54₁—ₛ; 27,54ₛ—ₛ; 27,66ₛ—₄.

5] c. Zur stärkeren Hervorhebung des zu vergleichenden Gegenstandes verwendet der Dichter die Negation bei dem zum Vergleiche Herbeigezogenen. Diese Art der Vergleichung finden wir nur noch in einem Falle: 27,232₁—₄.

6] d. Eine ächt volksthümliche Form der Vergleichung besteht darin, dass der Dichter seinen Leser selbst anredet und ihm die Frage vorlegt, ob er die zum Vergleiche herbeigezogenen Naturerscheinungen selbst schon beobachtet hat; er fährt dann fort mit *cosi:* 24,95₁—₄; 25,226₁—₄; 27,236₁—₄.

7] e. Eine besondere Form des Vergleiches begegnet uns im Orlando, indem der weiter ausgeführte Vergleich mit *non altrimenti* eingeführt wird. (Dieselbe Form findet sich bei Pulci nur bei den kürzer ausgeführten Vergleichen angewandt). Orl. Bl. 129; Bl. 142; Bl. 163.

Damit wären die als weiter ausgeführt zu bezeichnenden Bilder und Vergleiche in Pulci's Dichtung und dem Orlando alle angegeben. Die geringe Zahl derselben bildet eins der hervorragendsten Unterscheidungsmomente der Dichtungsweise Pulci's von der Bojardo's und namentlich Ariosto's.

Kürzere Bilder und Vergleiche.

1) Wir rechnen dazu zunächst diejenigen Bilder und Vergleiche, welche durch einen einfachen Relativ- oder einen anderen näheren Bestimmungssatz weiter ausgeführt sind.

8] a. Kurz ausgeführte Bilder: 1,58 7—8; 2,21 7—8; 4,53 8—7; 4,81 8—4; 7,46 1—8; 9,21—8; 22,89 8—8; 22,90 8—4; 22,118 9—8; 22,134 7—8; 24,48 8—8; 24,179 8—8; 25,8 4—8; 25,61 1—8; 26,49 8—7; 27,37 8—8; 28,107 7; 28,138 8—8.

b. Kurz ausgeführte Vergleiche:

α. Dieselben werden durch Vergleichungspartikel eingeleitet, und zwar:

9] aa. durch *come*: 11,72 8—8; 11,116 8—8; 20,73 1—8; 24,2 8—8; 24,19 1—4; 27,81 8—4; 27,81 8—8; 27,213 8—8; 28,30 4—8; 28,137 1—8.

Dieselbe Form findet sich im Orlando, und zwar in dem ersten von drei gehäuften Vergleichen: Bl. 142.

Ebenso findet sich diese Form in der Spagna: 37,38 1—8.

10] bb. durch *cosi*: 24,169 8—8;

11] cc. durch *tanto — quanto*: 28,139 1—8;

12] dd. durch *non altrimenti*: 24,138 1—8.

β. Die Vergleiche sind ausgedrückt durch die Verben:

13] *parere*: 20,36 8—8; 24,123 8—8; 24,168 4—8; 25,267 8—8; 25,330 7—8; 26,17 7—8; 26,46 8—8; 27,56 1—8; 27,86 8—8; 27,87 4; 28,1 8—8;

14] *simigliare*: 25,328 1—8.

15] γ. Zur stärkeren Hervorhebung des Verglichenen wird die Negation zu dem zum Vergleiche Herbeigezogenen gesetzt (cf. 5): 26,75 8—8; 27,258 8—8.

2) Zu den kurz ausgeführten Vergleichen und Bildern rechne ich noch diejenigen, in denen eine Person, ein Gegenstand oder eine Handlung nicht durch nähere Ausführung eines und desselben Bildes oder Vergleiches, sondern durch eine Häufung derselben hervorgehoben wird. Von ihnen führe ich zunächst diejenigen Fälle an, in denen sich für ein und dasselbe verglichene Objekt mehrfach gehäufte einfache Bilder oder Vergleiche angewandt finden.

16] a. mehrfach gehäufte Bilder: 16,47 8—8; 24,33 8, 34 1; 28,87 8—8;

b. mehrfach gehäufte Vergleiche:

17] α. solche, in denen eine Steigerung in den angewandten Vergleichen vorliegt: 3, 17 ₄—₈;

18] β. einfach gehäufte Vergleiche: 7, 34 ₅—₆; 15, 99 ₁—₈; 15, 100 ₁—₈; 15, 101 ₁—₈; 21, 48 ₁—₂, 49 ₁—₆; 22, 132 ₁—₈; 27, 255 ₄—₈; 27, 258 ₅—₈, 259 ₁—₂, 259, ₄—₅.

c. doppelte Bilder und Vergleiche:

19] α. In den beiden angewandten Bildern liegt eine Steigerung vor, welche durch *ansi* oder *non — ansi* ausgedrückt ist: 8, 90 ₂ *(ansi)*; 27, 241 ₂ *(ansi)*; 27, 29 ₂—₆ *(non — ansi)*.

20] β. einfache doppelte Bilder: 19, 17 ₁—₂; 26, 94 ₂—₄; 26, 135 ₁—₈; 27, 134 ₆—₈; 28, 26 ₇—₈; 28, 131 ₈; 28, 144 ₇—₈.

21] γ. In einem Falle wendet der Dichter das eine Mal ein Bild, das andere Mal einen Vergleich für denselben Gegenstand an: 26, 29 ₁—₂.

22] d. doppelte Vergleiche, welche durch *ansi* oder durch Negation des einen Faktors gesteigert sind: 11, 99 ₄ *(non)*; 15, 32 ₄ *(non — ansi)*; 22, 133 ₁—₂ *(non)*; 22, 133 ₈, 134 ₁ *(ansi)*; 25, 167 ₆—₇ *(ansi)*.

23] e. einfache doppelte Vergleiche, welche durch Vergleichungspartikel eingeleitet und durch *o* oder *e* verbunden sind, finden sich: 7, 34 ₅—₆; 12, 88 ₄; 15, 32 ₇—₈; 19, 48 ₁—₆; 22, 79 ₆; 22, 175 ₂—₄; 23, 18 ₂—₄; 23, 22 ₆—₇; 24, 93 ₂—₃; 24, 93 ₄—₆; 24, 98 ₁—₂; 24, 106 ₂—₄; 24, 146 ₄; 25, 225 ₅—₆; 26, 124 ₄—₅; 27, 37 ₆—₇; 27, 157 ₄—₇.

Sie werden ferner eingeleitet:

24] durch *parere*: 12, 61 ₅—₆: 22, 62 ₇—₈; 25, 20 ₆—₇; 27, 85 ₂—₆; 27, 264 ₁—₂.

25] durch Comparationspartikel, und zwar durch *più*: 17, 62 ₁—₂; 18, 16 ₈; 24, 92 ₇—₈.

Ein durch dieselbe Form doppelt ausgedrückter Vergleich begegnet uns im Orlando: Bl. 111—112; Bl. 96.

26] Oder die doppelten Vergleiche werden durch Negation des zum Vergleiche Herbeigezogenen hervorgehoben: 10, 109 ₁—₂; 10, 150 ₁—₂; 13, 52 ₈; 17, 85 ₄.

Dieselbe Form findet sich in der Spagna: Sp. 37,43 ₁—₂.

27] f. Endlich wollen wir hier noch eine Art bildlicher Darstellungsweise anschliessen, welche nicht eigentlich ein Vergleich genannt werden kann, indem der Dichter, um eine Eigenschaft oder eine Handlung hervorzuheben, diese selbst nicht vergleicht, sondern die Wirkung derselben bildlich darstellt. Z. B. 16, 32 ₅—₇:

> col suo viso faria mansueto
> Ogni aspro tigre arrabiato e crudele
> Anzi farebbe il mar pietoso e' venti.

In weiterer Ausführung finden sich dafür Fälle: 15, 102 ₁—₆; 22, 150 ₃—₅; 26, 45 ₅—₈; 27, 23 ₁—₄; 27, 87 ₁—₂.

Damit schliessen wir unsere Untersuchung der Form der ausgeführten Bilder und Vergleiche, um uns im folgenden Abschnitte zu einer entsprechenden Betrachtung der einfachen Redefiguren zu wenden. Bei der grossen Zahl derselben begnüge ich mich aber der Raumersparniss halber, die Belege aus den beiden ersten und dem letzten Canto anzuführen.

B. Einfache Bilder und Vergleiche.

Einfache Bilder.

Ich will kurz vorausschicken, dass ich unter dieser Bezeichnung alle sonst nach ihrer inneren Bedeutung geschiedenen Gruppen derselben (Metapher, Metonymie u. s. w.) zusammenfassen werde, da eine derartige Unterscheidung für diese Arbeit zwecklos sein würde.

28] Einfache Bilder finden wir also: 1, 3 ₅—₆; 1, 4 ₁; 1, 78 ₂; 2, 6 ₇—₈; 2, 49 ₆ ...... 28, 1 ₄; 28, 8 ₄; 28, 26 ₆; 28, 35 ₆; 28, 48 ₁—₂; 28, 49 ₆; 28, 69 ₅—₆; 28, 72 ₂; 28, 82 ₅—₆; 28, 86 ₈; 28, 88 ₂; 28, 103 ₈; 28, 107 ₃—₄; 28, 128 ₅—₆; 28, 141 ₃—₄; 28, 141 ₅; 28, 142 ₂; 28, 151 ₁—₂; 28, 152 ₂; 28, 153 ₂; 28, 153 ₅; 28, 154 ₅.

Im Orlando begegnen uns einfache Bilder: Bl. 114 ₂; 114 ₄; 114 ₇; 96 ₁; 75; 111—112 ₁ [*]).

In der Spagna: 28, 44 ₂; 29, 28 ₆; 30, 21 ₆; 31, 34 ₇; 32, 39 ₂; 33, 7 ₅; 35, 48 ₁; 36, 1 ₂; 38, 31 ₃; 39, 5 ₃—₄.

---

[*]) Wir gehen hier nach der Reihenfolge der Blätter, wie sie uns P. Rajna mittheilt.

Einfache Vergleiche.

29] 1) Dieselben werden ausgedrückt durch Vergleichungspartikel, und zwar durch *come*: 1,18 ı—ı; 1,39 ᴛ; 1,61 ı; 1,69 ı; 1,71 ı; 1,72 ı—ı; 1,74 ı; 2,25 ı; 2,27 ı—ı; 2,41 ı; 2,62 ı; 2,74 ı; 2,76 ı; .... 28,8 ı; 28,9 ı—ı; 28,10 ı; 28,29 ı; 28,31 ı—ı; 28,35 ᴛ—ı; 28,45 ı; 28,61 ı; 28,68 ᴛ—ı; 28,80 ı; 28,93 ı; 28,111 ᴛ—ı; 28,125 ı; 28,137 ı—ı; 28,141 ı—ı; 28,142 ı—ı; 28,152 ı—ı.

Im Orlando finden sich folgende Fälle: Bl. 105,4; 111–112,2; 7,7; 12,4; 12,4 ı.

In der Spagna: 29,12 ı; 31,17 ı; 31,35 ᴛ; 32,7 ᴛ—ı; 32,25 ı; 32,33 ı; 32,33 ı; 32,35 ı; 33,6 ı—ı; 33,15 ᴛ; 33,19 ı; 35,7 ı; 35,12 ı; 35,22 ı; 35,14 ı; 36,18 ᴛ; 37,19 ı; 39,33 ᴛ.

2) Die Vergleiche sind durch Verben ausgedrückt, und zwar:
30] a. durch *parere*: 1,69 ı—ı; 2,9 ᴛ; 2,68 ı—ı ...... 27,11 ᴛ—ı; 27,20 ı; 27,34 ı—ı; 27,46 ı—ı; 27,57 ı—ı; 27,73 ı; 27,89 ı—ı; 27,91 ı—ı; 27,95 ı; 27,99 ı—ı; 27,131 ı—ı; 27,131 ı; 27,149 ᴛ—ı; 27,153 ı—ı; 27,177 ı; 27,235 ı; 27,240 ı—ı; 27,247 ı; 27,250 ı.

Im Orlando finden sich Vergleiche von derselben Form: Bl. 91; 111—112,2 ı; 111—112,2 ı; 111—112,3 ı; 7,6 ı.

In der Spagna; 32,39 ı; 37,16 ı; 37,29 ı; 38,3 ı.

31] b. durch *sembrare*: 27,74 ᴛ—ı.

32] c. durch *assimigliare*: 27,247 ı—ı.

3) Die Vergleiche werden durch Comparationspartikel, welche also dem verglichenen Objekte einen höheren oder niedern Grad gegenüber dem anderen zuertheilen, ausgedrückt, und zwar:
33] a. durch *più*: 1,41 ᴛ—ı; 2,32 ı; 2,39 ᴛ—ı; 3,9 ı; 3,41 ı—ı; 3,74 ı; 4,13 ı; 4,27 ᴛ—ı; 5,52 ı; 5,53 ı—ı; 5,58 ı; 10,123 ı; 12,40 ı—ı; 12,73 ı; 13,49 ı—ı; 14,67 ı; 14,86 ᴛ—ı; 15,24 ı—ı; 15,26 ı; 15,109 ı—ı; 16,75 ı—ı; 16,84 ı; 16,84 ᴛ; 19,17 ı—ı; 19,25 ı—ı; 19,127 ı; 20,81 ᴛ—ı; 21,46 ı; 22,50 ı; 23,42 ı; 23,44 ı; 24,34 ı—ı; 24,61 ı; 24,97 ı; 25,69 ı; 25,104 ı; 26,26 ı; 26,129 ı; 26,142 ı; 27,204 ı; 27,234 ı—ı; 27,248 ı—ı; 28,129 ᴛ—ı; 28,131 ı.

Dieselbe Comparationspartikel ist im Orlando angewandt: Bl. 11,₂; 12,₁; C. 47,₂₅; 48,6₅.

In der Spagna: 28,8₇; 28,29₁; 33,27₅.

34] b. durch *in manco di*, gleichbedeutend mit *più*: 26,131₁.

35] c. durch *meno — che non*: 10,110₄; 19,61₅, sowie

36] d. durch *meno — che*: 11,9₅;

37] e. durch unregelmässige Comparative: *meglio*: 19,41₂; 21,44₁₋₂; und *peggio*: 26,128₄.

Als Unterabtheilung unter diese Art der Vergleichung wird man hier am besten die nach den Verben des Schätzens: *stimare, curare* u. s. w. gebrauchten Vergleiche setzen; sie werden meist mit Ausdrücken der Geringschätzung verbunden.

38] Zunächst nach *curare* oder *curarsi*: 5,49₁.

In der Spagna: 28,34₂; 28,46₁; 30,37₂; 33,38₅; 35,35₁₋₂; 37,42₁.

39] Ferner nach *stimare*: 6,38₄; 8,61₂; 8,80₅; 10,86₅₋₆; 12,51₂; 23,30₅; 24,94₅.

40] *pressare*: 5,5₅ und

41] *valere*: 22,167₅. Letzteres Zeitwort ist im Orlando in ähnlicher Weise verbunden: C. 47,5, sowie in der Spagna: 28,43₂; 30,16₅; 31,9₂.

Ihres allzu häufigen Vorkommens halber habe ich dabei die inhaltlich gleichen Ausdrücke dieser Art im Morgante nicht besonders erwähnt.

42] 4) Als eine besondere Form vergleichender Darstellung haben wir es anzusehn, wenn der Dichter seinen Gegenstand einem andern gegenüberstellt, welcher sich in Bezug auf seine Eigenschaften am weitesten von ihm entfernt, dabei aber nicht diesen Unterchied in seiner ganzen Grösse angibt, sondern einfach das eine als verschieden von dem anderen bezeichnet. Durch diese blosse Unterschiedsangabe wird in dem Leser das Gefühl für die ausserordentliche Verschiedenheit beider Objekte am lebhaftesten geweckt; z. B.:

6,12₂: venne la cena e fuvvi altro che ghiande.

Weitere Fälle dieser Art finden sich: 7,44₂; 13,52₂; 16,99 ₂₋₄; 22,166₇₋₈; 23,34₂; 25,13₄; 25,206₅; 25,247₄.

43] Für die unter § 5 angegebene Form finden sich einfache Beispiele: 4,66₁—₂; 11,98₁—₂; 11,98₅; 13,38₂—₂; 17,68₂—₄, 18,63₂—₄; 18,106₂; 19,171₄—₂; 21,112₂—₅; 24,73₁—₂; 25,91 ₅—₅; 25,138₁—₄; 26,38₁—₂; 26,136₄; 27,16₂; 27,74₄; 27,75₅—₇; 27,217₂; 27,221₂; 28,12₇—₂; 28,13₄.

Dieselbe Form finden wir in der Spagna: 32,11₅—₇; 34,35₄; 39,33₅—₅.

44] 6) Nach der sub 27 angegebenen Form sind folgende einfache Vergleiche gebildet: 6,9₅— ₅; 6,17₄; 7,18₁—₂; 17,103₂; 18,193₁—₂; 21,35₅ - ₂; 21,61₅—₂; 21,142₇; 23,23₁—₂; 27,20 ₂—₄ !27,21₅; 27,50₂—₄.

45] Hierzu kommen dann noch die Fälle, wo unter derselben Form noch die Negation dem zum Vergleich Herbeigezogenen beigefügt wird: 6,8₅—₇; 14,43₄—₅; 25,105₁—₂; 27,30₁—₄.

46] 7) Ferner wird das von dem Dichter Verglichene dadurch hervorgehoben, dass er mit ihm eine Erscheinung oder einen Gegenstand auf eine Stufe stellt, welche die betreffenden Eigenschaften in denkbar höchstem Masse besitzen oder zur Entfaltung bringen können: 10,72₁—₂:

    sì fatto romore, ch'io pensai che 'l mondo fussi caduto;

10,64₇—₂; 25,247₂; 26,65₄—₅; 27,1₂; 27,50₄; 27,154₂—₅; 27,155₂—₄; 27,180₅.

Auch hier habe ich mich bei der grossen Zahl inhaltlich gleicher Ausdrücke auf die Erwähnung der verschiedenen unter ihnen beschränkt.

47] Wenden wir uns nun zu einer kurzen Charakteristik der Form der Bilder und Vergleiche im Morgante und seinen Vorlagen, so muss uns vor allen Dingen die geringe Zahl der ausgeführten derselben in erstgenannter Dichtung auffallen. Dies gilt namentlich für den ersten Theil derselben; bis zum 21. Canto fehlen ausgeführte Bilder und Vergleiche fast vollständig, und auch in den letzten Gesängen ist ihre Zahl keineswegs bedeutend. Dieselbe Erscheinung zeigt sich im Orlando bis Bl. 129. Von da an aber begegnen uns plötzlich mehrfach Vergleiche, welche uns sowohl durch die Länge als auch durch die Form ihrer Ausführung überraschen, indem sie in ersterer Beziehung den bedeutendsten Bildern und Vergleichen des Morgante nicht nachstehn, während die Form der Einführung sich bei keinem der weiter ausgeführten Vergleiche jenes Gedichtes wiederfindet (cf. 7); sie wird von Pulci nur ein Mal, und zwar in einem kurz ausgeführten Vergleiche angewandt (cf. 12). In der Spagna in rima fehlen ausgeführte Bilder und Vergleiche vollständig.

48] Gehen wir nun zu den kurz ausgeführten über, so können wir bei denen des Morgante schon eine grosse Mannichfaltigkeit in der Form wahrnehmen (cf. 8—27). Namentlich liebt es Pulci, sich der mehrfach gehäuften oder doppelten Bilder und Vergleiche für denselben Gegenstand zu bedienen und dieselben auf die verschiedenste Weise einzuleiten (cf. 16 - 26).

Im Orlando begegnet uns nur ein Mal eine Häufung von drei, durch *come* eingeleiteter und durch einen Relativsatz kurz ausgeführter Vergleiche, und zwar wieder auf einem der letzten Blätter (cf. 9), sowie ein einziger Doppelvergleich, welcher später wiederholt wird (cf. 25).

Die Spagna dagegen gibt uns nur ein Beispiel für einen durch einen Relativsatz kurz ausgeführten Vergleich (cf. 9).

49] Die grösste Mehrzahl aller im Morgante vorkommenden Bilder und Vergleiche ist einfach und ohne jegliche Ausführung. Pulci scheint es eben zu lieben, statt eines einzelnen weiter ausgemalten Bildes oder Vergleiches eine Häufung kurzer und einfacher eintreten zu lassen, wie im C. 22, wo sich in den Stanzen 130—136 nicht weniger als 14 Bilder und Vergleiche zusammengedrängt finden. Dagegen aber ist die Form derselben eine höchst verschiedene und mannichfaltige. In dieser Beziehung steht er weit über seinen Vorlagen, welche sich begnügen, die einfachsten Formen in steter Wiederholung anzuwenden. Der Dichter des Orlando kennt nur drei Formen für einfache Vergleiche, indem er alle durch *come* (cf. 29), *parere* (cf. 30) oder durch *più* (cf. 33) ausdrückt, wozu in der Spagna noch die unter § 43 angegebene Form tritt.

Es ergibt sich mithin, dass in Bezug auf die Form der Bilder und Vergleiche der letzte Theil des Orlando, namentlich durch die Länge der Ausführung derselben, die Spagna in rima weit übertrifft, während der erste Theil dieser Dichtung bis Bl. 129 sich in dieser Beziehung nicht über die Spagna erhebt. Beide stehen aber weit hinter ihrer Bearbeitung, dem Morgante, zurück, da dessen Bilder und Vergleiche, sowohl durch ihre Zahl als auch durch den Reichthum der Formen weit über ihre Vorlagen zu stellen sind.

Kapitel II.
Inhalt der Bilder und Vergleiche.

Der unter diesem Titel behandelte Abschnitt kann als der Haupttheil unserer Arbeit betrachtet werden. Denn nur dadurch, dass wir den Inhalt jedes einzelnen Bildes oder Vergleiches prüfen, vermögen wir einen klaren Einblick in die Dichtungsart Pulci's zu gewinnen; indem die Art der Ausführung desselben uns ein Urtheil über seine dichterische Fantasie erlaubt, die Auswahl derselben uns aber einen Blick auf den Umfang seines Gesichtskreises und im Besonderen einen solchen auf die ganze Richtung, welche er mit seinem Morgante verfolgt, gewährt. Dies waren auch die Gründe, welche mich dazu bewogen, auch in diesem Kapitel die Scheidung zwischen ausgeführten und einfachen Bildern und Vergleichen noch beizubehalten, indem ich von den ersteren jedes einzelne inhaltlich genauer darstellen werde, mich bei der Vorführung der letzteren jedoch dieser spezialisirenden Thätigkeit enthalten und dieselben mehr zusammenfassend behandeln werde. Bei der Anordnung des Stoffes waren für mich rein praktische Gründe massgebend. Das äusserst umfangreiche Material machte eine passende, Alles umfassende Eintheilung sehr schwierig; ich wählte daher die einfachste und, wie ich glaube, beste, indem ich von der Stellung ausging, welche die einzelnen zu Bildern oder Vergleichen verwandten Objekte in der Natur einnehmen. Wo sich eine Häufung von kurzen Bildern und Vergleichen fand, habe ich natürlich dieselben getrennt und sie unter den einfachen aufgeführt. Die Bilder und Vergleiche des Orlando sowie der Spagna habe ich in die betreffenden Abschnitte eingeführt; da, wo sich der als Bild oder Vergleich gebrauchte Gegenstand im Morgante nicht vorfand, ist derselbe am Schlusse der Abtheilung, zu der er zu rechnen war, verzeichnet worden.

A. Ausgeführte Bilder und Vergleiche.

I. Der Inhalt derselben besteht aus Anspielungen auf mythologische oder historische Personen oder Thatsachen; er ist entnommen:

a. der Mythologie und der biblischen Geschichte.

50] Febo, der sein Antlitz im Ocean verbirgt und seine goldenen Haare in den Wogen badet, ist das Bild der untergehenden Sonne (9, 2, —).

51] Sidrac und Misacche, bekanntlich unter den Männern im glühenden Ofen, sind von Pulci zweien, die nicht so gut davonkamen, gegenübergestellt (24, 103, —).

52] Der Ton der Trompeten im Thale Giusaffa, welcher die Todten aufweckte, ist das Bild der Posaunen, welche zu einem grossen, unheilvollen Ereignisse rufen (26, 17, —); hier der Trompeten vor dem Kampfe in Roncisvalle.

53] Isaccbe, der ruhig wie ein Lamm zum Opfertode ging, ist das Bild eines gefasst dem sicheren Tode entgegensehenden Helden (26, 29, —), nämlich das Bild Orlando's vor der Schlacht in Roncisvalle.

54] Eliseo, als er den feurigen Wagen aufsteigen, oder Moisè, welcher den feurigen Dornbusch erscheinen sah, sind das Bild der erstaunt einem übernatürlichen Ereignisse Zuschauenden (27, 157, —), nämlich des Rinaldo, Turpino und Terigi, als die Seele Orlando's vor ihren Augen emporstieg.

55] Die Quelle in der Unterwelt, welche vor Nessus nicht versiegen würde, ist das Bild einer grossen Menge einer Flüssigkeit und zwar hier des Blutes in Roncisvalle (27, 56, —).

56] Tesifo, Megera und Aletto in Gemeinschaft mit dem heulenden Cerbero sind das Bild der blind und furchtbar Wüthenden; hier der in Siragossa unter den Heiden den Tod der Paladine rächenden Christen (27, 255 s.—s).

57] Derjenige, welcher in die heilige Arche stieg, so lange Berge und Alpen noch bedeckt waren, und zu einer Zeit, als es noch nebelig und stürmisch war, den Raben zurückerwartete (also Noah), ist das Bild des ziellos Herumtreibenden, welcher nicht weiss, wo er sich befindet (28, 130 s. - s). Er ist hier das Bild des Dichters selbst, wenn dieser sich noch weiter mit seiner Barke (seinem Gedichte) auf unbekannten Wegen weiterwagen wollte.

58] An dieser Stelle will ich die Stanzen 48 ı—s und 49 ı—s im 21sten Canto erwähnen, in denen sich eine Aufzählung sagenhafter Gestalten (Niel, Beritta, Saliasse, Squarciaferro, Bocco, Nillo, Sottin, Obisin, Rugiadan, Bilette, Astarotte, Oratas) befindet, von denen jede durch eine besondere Eigenschaft ausgezeichnet ist. Ihre Beziehungen sind mir jedoch unbekannt geblieben.

b. der hellenischen Sage.

59] Derjenige, welcher in seiner erhabenen Geschichte von den Argivern zu sehr den herrlichen Sohn der Göttin (Achilles) und die Irrfahrten des Ulysses pries, wird von Pulci sich selbst gegenübergestellt als ein Dichter, welcher von seinen Helden nichts Nachtheiliges berichten will (24, 2 s.—s).

60] Das trojanische Reich, worin man vor seinem Untergange nicht den Prophezeiungen und Warnungen der Cassandra glauben wollte, ist das Bild eines Landes, dem ein grosses Unglück bevorsteht, welches aber blind hineinstürzt (24, 169 s. - s); hier des fränkischen Reiches, dessen Fürst den Voraussagungen Malagigi's keinen Glauben schenkt.

61] Der Jammer der Trojaner, als der Betrug Sinonne's mit dem Rosse geglückt war, ist das Bild der Klage der Einwohner einer eroberten und verwüsteten Stadt (27, 258 s.—s). Er wird noch übertroffen durch den Jammer der Weiber in Siragossa. — (Ähnliches findet sich in der Spagna 39, 7 s.—s).

II. Der Inhalt der Bilder und Vergleiche ist dem Gebiete der Natur entnommen:

a. dem Thierreiche.

62] Der Löwe wird von dem Dichter als ein edles Raubthier betrachtet; er ist daher nur das Bild eines tapferen, unerschrockenen Helden. Der wilde Löwe, welcher eine Heerde erblickt und sich wüthend auf sie stürzt, ist das Bild des unaufhaltsam in die Feinde stürzenden Kämpfers (24, 138 ı.—s); der Kampf zweier Löwen, ihr heftiger Angriff ist das Bild der heissen Schlacht zweier Ritter mit einander (10, 150 ı—s). Dabei ist er namentlich durch sein Gebrüll und sein Schnaufen furchtbar (15, 32 s—s). Ferner jagt der Held die Feinde vor sich her wie der stolze Löwe, welcher schon durch seine Stimme und seinen Tritt zittern macht (27, 86 s—s).

63] Im Orlando dagegen ist der Löwe, welcher in's Netz gefallen und von zahlreichen Schlingen festgehalten ist, der, sich noch stark fühlend, das mähnenumwallte Haupt und den Leib schüttelt, aber doch nach und nach seine Kraft verliert, das Bild dessen, der von den Armen der Feinde umschlungen langsam untergeht (Orl. C. 48); hier der Zauberin Creonta.

64] Der Wolf steht ihm gegenüber als Bild des Raublustigen und Grausamen. Der Wolf, welcher sich da, wo der Hirte sich hören lässt, auf die Schafe stürzt, das eine verwundend, das andere niederwerfend, ist das Bild des blutdürstig unter den fliehenden Gegnern wüthenden Heiden Lionetto (2, 72 ₁.—₈). Wenn er ein Schaf wegschleppt, dem aber der gute Hirte zu Hülfe kommt, ist er das Bild des bösen Feindes, welcher einen christlichen Ritter wegträgt (21, 37 ₈; 38 ₁—₈).

65] Der Eber, welcher nach Jedem beisst, ist das Bild eines blind wüthenden Ritters, welcher Alles anfällt (27, 87 ₁—₄).

66] Im Orlando ist der Eber, welcher von den Jägern mit ihren Hunden gehetzt wird und brüllend und zähnefletschend vergeblich eine Stelle sucht, welche von Menschen leer ist, und nun mit gesträubten Borsten hin und her rennt, das Bild eines gehetzten Geschöpfes (Orl. Bl. 129); hier eines Giganten.

67] Der Hase, welcher von den Jägern in seinem Lager aufgesucht und gejagt wird, ist das Bild dessen, der eifrig verfolgt und in seinem Zufluchtsorte belagert wird (22, 155 ₁—₈), hier des Verräthers Gano.

68] Endlich begegnen uns im Orlando noch die Schafe, welche den Wolf erblicken, ohne dass der wachende Hund in der Nähe ist, als das Bild derer, welche geschwind vor dem fliehenden Feinde wegeilen (Bl. 142).

69] In der Spagna ist der Bär, welcher, von den Hunden angefallen, bald einen derselben hinter sich, bald einen anderen vor sich beisst oder zerfleischt, das Bild eines Helden, welcher rings von Feinden umgeben tapfer kämpft (Sp. 37, 38 ₁—₄), und zwar hier des verfolgten Ganellone.

70] Von den Vögeln nimmt der Falke etwa dieselbe Stelle ein wie der Löwe, mit dem er auch ausdrücklich in eine Reihe gestellt wird (23, 22 ₈.—₇). Wenn er die Taube erblickt hat oder das Rebhuhn gesehen hat und darauf niederschiesst, ist er das Bild des auf seine Beute, den wehrlosen Feind, losstürzenden Helden (23, 22 ₈—₇). Der Falke hingegen, welcher sich zur Beize (al giuoco) erhoben, sich aber vorgenommen hat, das Land zu durchschweifen und nicht mehr zu seinem Herrn zurückzukehren, ist das Bild des allein auf Abenteuer ausziehenden Ritters (21, 100 ₈—₇).

71] Der Sperber, der im Walde mausert und uns sicher macht, aber wenn man ihn einmal loslässt, nimmer zurückkehrt, wird verglichen mit dem falschen, undankbaren Verräther (26, 25 ₈—₈), und zwar hier mit Gano, welcher die arglosen Paladine verrathen hat.

72] Die Krähe, welche den ihr nachlaufenden Hund foppt, indem sie sich bald setzt, bald erhebt und krächzt, so dass ihr Verfolger vergebens sich abmüht und sie nie erreicht, ist das Bild dessen, der sich in höhnischer Schadenfreude der zwecklosen Bemühungen seiner Verfolger freut (24, 95 ₁—₄).

73] Der Krammetsvogel findet sich oft erwähnt als leicht zu täuschender, dummer aber kostbarer Vogel, der sich leicht in ein Netz oder auf den Leim locken lässt. Daher werden mit ihm diejenigen verglichen, welche durch eigene Thorheit in das Unglück gerathen, wobei das Netz oder der Leim selbst wieder als Bild des Verrathes gebraucht wird. So 22, 89 ₁—₄, 90, ₁—₄; namentlich aber 24, 148 ₈—₈ und 25, 8 ₁—₈.

74] Der junge Rabe, welcher bei der Atzung den Schnabel so weit er kann öffnet, ist das Bild des gierig nach Speise Verlangenden, und zwar hier in komischer Weise des die Seelen der gefallenen Sarazenen verschlingenden Lucifer (27, 54 ₁ – ₂).

75] Der weisse Schwan, welcher im Sterben seinen süssen Gesang erklingen lässt, ist von Pulci als Bild des Dichters gebraucht, der am Schlusse seiner Dichtung noch einmal alle Kraft zusammennimmt, um einen würdigen Schluss derselben zu liefern (28, 1 ₁ – ₄).

76] Der Pelikan, welchem die Schlange die Jungen tödtet und welcher dieselben mit seinem eigenen Blute heilt, ist das Bild der aufopferndsten Liebe (27, 213 ₁ – ₄); hier des Rinaldo, der Orlando mit seinem Herzblute wieder ins Leben zurückrufen möchte.

77] Von den Reptilien ist die heftig zischende Schlange, welche auf die Frösche losschiesst, ein schönes Bild für das auf die Köpfe der Feinde niedersausende Schwert (22, 134 ₇ – ₈). (Die bildliche Ausdrucksweise, dass das Schwert »zischend« genannt wird, kehrt auch sonst häufig wieder.) Der Kampf zweier Schlangen mit einander ist das Bild eines heftigen Ringens zweier Riesen mit einander (10, 150 ₁ – ₂).

78] Der fliegende Fisch, welcher sprungweise im Meere dahineilt, um seinem Verfolger (dem *gurro*) zu entgehen, ist das Bild des mit einzelnen langen Sätzen durch die Luft fliegenden Rosses (25, 226 ₁ – ₂).

79] Aus dem Reiche der Insekten finden wir die alte Ameise erwähnt, die weder durch die Axt noch durch den Hammer aus ihrem Loche herausgelockt werden kann, und zwar als Bild des vorsichtigen, schlauen Ritters (25, 64 ₁ – ₄); hier des Orlando, der sich wohl hütet, an den Hof des Marsilio zu kommen.

Von den Hausthieren finden sich folgende genannt:

80] Der Hund wird meist in der übelsten Bedeutung erwähnt, indem sein Name unzählige Male als Schimpfwort gebraucht wird; einmal wird er sogar in eine Reihe mit dem Schweine gestellt (27, 227 ₄). Andererseits aber sind die Hunde, welche mit aufgerichteten Ohren dastehen, um einen Hasen oder einen Luchs anzugreifen, das Bild der mit gespannter Aufmerksamkeit lauschenden Häscher (11, 72 ₃ – ₄); hier der Mainzer, welche Astolfo zum Galgen führen, aber einen Überfall erwarten. Ferner finden wir den Windhund, welcher den Hasen entdeckt hat und aufspringen sieht, als das Bild des ungeduldig und unruhig Umherspringenden, der sich am liebsten gleich auf seinen Feind stürzen möchte (11, 116 ₃ – ₄); und der von der verfolgten Spur zurückgerufene Jagdhund, welcher müde, erschöpft und lahm von der Anstrengung mit Schweiss bedeckt und keuchend zurückkehrt, liefert das Bild des von der heissen Verfolgung zurückkommenden Helden (27, 110 ₃ – ₇); hier des Rinaldo, der zu dem sterbenden Orlando zurückkehrt.

81] Die Schaf- oder Viehheerde ist das Bild der Schwachheit und der daraus entspringenden Feigheit. Mit ihnen wird gewöhnlich die grosse Menge verglichen, sei es, dass sie von einem Helden vernichtet wird, sei es, dass sie zersprengt und angstvoll flieht (26, 124 ₁ – ₃; 27, 236 ₁ – ₄).

82] Das Lamm wird als Bild des Schwachen, Ohnmächtigen dem Alles zerreissenden Löwen gegenübergestellt (27, 37 ₃ – ₄).

83] Die Kuh, welche von weitem ihr verirrtes Kälbchen hört und Zweige und Sprösslinge zertritt und so lange brüllt, bis sie es wieder

bei sich hat, ist das Bild der besorgt und eiligst in ihr bedrohtes
Vaterland heimkehrenden Helden (22, 86 ı—⁊); hier der fränkischen Ritter,
welche in das von Calavrione belagerte Paris zurückeilen.

84] Die Ziege, welche so lange herumzieht, bis sie auf den Wolf
stösst, ist das Bild des thörichter Weise sich in die Gefahr begebenden
Mannes (7, 46 ı—ı); hier des Morgante.

85] Die Maus, welche bei dem Käse in der Falle zurückbleibt, ist
das Bild des durch eigene Thorheit in die grösste Gefahr Gerathenen
(7, 46 ı—ı).

86] Der Esel, welcher sich erst dann darauf besinnt, dass er einen
Schwanz besitzt, wenn ihn die Mücken stechen, ist das Bild dessen, welcher zu spät daran denkt, ein Unglück abzuwenden (22, 118 ı—ı). Mit
ihm ist freimüthig genug Carl selbst verglichen, der erst an Orlando denkt,
als dieser nicht an seinem Hofe ist, der letztere aber sich in grosser Gefahr
befindet.

87] Die Gänse am Taurus, welche einen Stein in den Schnabel nehmen, um nicht zu schnattern und die Aufmerksamkeit des Falken auf sich
zu ziehen, sind das Bild der Klugheit (28, 137 ı—ı).

Aus dem Gebiete des Pflanzen- oder Mineralreichs fehlen
uns die ausgeführten Bilder oder Verleiche im Morgante vollständig.

88] Nur im Orlando finden wir den Baum, welcher über der Wurzel
von der Axt durchschnitten ist, so dass seine Krone hin und her schwankt
und er stets zu fallen scheint, als das Bild des Verwundeten, welcher
hin- und herschwankt (Bl. 142).

b. Von anderen elementaren Naturerscheinungen, dauernden
und vorübergehenden, sind folgende als Bilder und Vergleiche
angewandt:

89] Das Getöse, welches eine vom Berge niederstürzende
Lawine oder ein losgelöstes Felsstück beim Fallen verursacht, ist das
Bild des Krachens, welches man beim Sturze der gefallenen Giganten
hörte (19, 48 ı—ı).

90] Das wogende Ährenfeld, welches bald von diesem, bald von
jenem Winde bewegt wird, das sich je nach der Stärke der beiden wider-
strebenden Luftströmungen bald senkt, bald wieder aufrichtet, wird von
Pulci als ein wirklich künstlerisches Bild für eine schwankende Schlacht
gebraucht, in der sich der Sieg bald auf die eine, bald auf die andere
Seite neigt (24, 134 ı—ı).

91] Das Meer an der Scylla und Charybdis, wenn es am lau-
testen tobt und die Ungeheuer am heftigsten bellen, ist das Bild eines
furchtbaren an- und abschwellenden Getöses (26. 46 ı—ı); und zwar hier
des Geräusches, welches von der gewaltigen Menge der herauziehenden
Heiden hervorgerufen wird. Das Meer selbst aber, auf dem ein Schiff
mit seinem Admiral an Bord fährt und das Senkblei auswirft, wird als
Bild der grossen Menge Blut gebraucht, welche in Ronciavalle nach der
Schlacht vorhanden war (27, 57 ı—ı).

92] Das Feuer, welches zuweilen gelöscht scheint, sich aber ohne Flamme noch hält, dann aber durch seine Nahrung oder durch den Wind angefacht wird, ist das Bild des lange zurückgehaltenen, plötzlich aber mächtig losbrechenden Gefühls (28, 106₄—₈), und zwar hier der Klage.

93] Das Schneegestöber, hier als aus lohfarbigen Flocken bestehend geschildert, die so reichlich wie das Manna vor den Pilgern niederfielen, ist in scherzhafter Weise als Bild für die zahl- und regellos durcheinanderwirbelnden und niederfallenden Seelen der Heiden gebraucht (27, 54₈—₇), die von Lucifer ballenweise verschluckt werden.

III. Der Inhalt der Bilder und Vergleiche ist verschiedenen Gebieten des Lebens entnommen, und zwar dem Kriegsleben, dem gewöhnlichen bürgerlichen Leben u. s. w.:

a. dem Kriegsleben.

94] Die brennenden Pfeile, welche Amor werfen lässt, sind das Bild der Blicke, welche zwei Verliebte sich zusenden (4, 81₁—₄). Hier ist es das auch sonst häufig wiederkehrende Bild der Flamme für das abstrakte Gefühl der Liebe, welche den Dichter zu einem derartig gewählten Vergleiche veranlasst; denn so wie die Belagerer in einer Veste durch brennende Pfeile Brand hervorzurufen streben, so will auch der Verliebte in dem Gegenstande seiner Neigung Feuer, d. h. Liebe erwecken.

95] Die Trompete, welche überallhin erschallt und wiedertönt, ist das Bild des seine Stimme überall erhebenden Mannes (1, 58₁—₃); hier des Apostels Paulus.

b. dem gewöhnlichen, dem bürgerlichen Leben.

96] Der Vater, welcher vom Leichenbegängnisse zurückkehrt, um seiner Familie Trost zu bringen, ist das Bild dessen, welcher, selbst schmerzerfüllt, doch den Seinen zur Stütze und zur Tröstung dienen muss (27, 81₁—₄); hier des Orlando, welcher vom Sterbelager Ulivieri's wieder in den Kampf zurückkehrt, wo seine Truppen auf ihn harren. Der Vater aber, welcher seinen Sohn verloren hat und nicht mehr an ihn erinnert sein will, ist das Bild des mit grösstem Schmerze um den Tod eines geliebten Verwandten Trauernden (28, 30₄—₈); hier Carl's, der Orlando beweint.

97] Der Schneider, welcher seinen Fingerhut halten und seinen Knoten machen kann, ist als das Bild dessen gebraucht, der sein Handwerk versteht, seine Absichten und Pläne gut durchführen kann (24, 19₁—₄); hier des Verräthers, dem man die Schliche und Kunstgriffe nicht zu lehren braucht.

98] Der Schachspieler, welcher einen vortrefflichen Zug gesehen, aber noch einem besseren sucht und dem es nicht genügt, seinen Gegner matt zu setzen, ist in passender Weise von Pulci als das Bild des Unentschlossenen, Zaghaften gewählt (24, 20₁—₄), und zwar als das Bild des Marsilio, welcher sich nicht zu dem sicheren Verrathe an Carl entschliessen kann.

99] Der Charlatan, welcher seine Gaukeleien ordnet, seine Giftwurzeln, Büchsen, Pülverchen, Düten zeigt und seine Bläschen öffnet, aber das Arsenik, das Nappellenkraut verbirgt, ist das Bild des heimtückischen Verräthers (25, 112₁—₈).

100] Der **Schnitter**, welcher seine Sense schwingt und das Gras auf der Wiese schneidet, ist das Bild des alles Lebende Vernichtenden (27,66 s—s); hier des in der Schlacht die Feinde tödtenden Helden. Ferner ist der Schnitter, welcher mit der Sichel winkt, das Bild des drohenden Todes (26,49 s—v).

101] Der **Lichtputzer** ist das Bild dessen, der bald sichtbar ist, bald wieder verschwindet (24,94 s—s); hier des Dämons, der, von Malagisi heraufbeschworen, vor den Giganten herumtanzt.

102] Der **geschlossene Riegel**, den man trotz aller Mühe nicht zu öffnen vermag, ist das Bild des Verschwiegenen, der jeder Versuchung widersteht (25,267 s—s); hier des Astarotte, welcher Rinaldo nach Spanien geleiten soll.

103] Der **Topf, in welchem sich ein grosser Brei von Blut, Köpfen, Füssen und anderen Gliedmassen befindet**, ist das Bild des Thales, worin eine furchtbare Schlacht gewüthet hat (27,56 s—s); hier des Thales von Roncisvalle.

104] Die **Diebe, welche ihren Raub mit sich schleppen und dabei überfallen werden**, sind das Bild des rechtmässig Bekämpften (20,75 s—s); hier werden ihnen die fränkischen Helden, die in ihrer Herberge angegriffen wurden, als wenn sie Diebe wären, gegenübergestellt.

105] Ein **Gewebe, welches so fein durcharbeitet ist, dass der Einschlag in demselben grob erscheint**, ist das Bild einer äusserst fein verfertigten Dichtung (24,19 s—s).

106] Die **Zahl der Schwerter**, welche zu Rom an der festa di Testaccia bei dem vom Wagen losgelösten und auf der Jagd gestürzten Stiere entblösst sind, sind das Bild einer grossen Menge derselben, welche über dem Körper eines Gefallenen gezückt werden (27,232 s—s); hier derjenigen, die über dem gestürzten Balugante geschwungen wurden.

107] Das **Schiff**, welches in der Hoffnung auf einen Erfolg ausgesegelt, aber mit grossem Verluste in den Hafen zurückgekehrt ist, ist das Bild des schmerzerfüllten Helden (27,81 s—s); und zwar des Orlando, der über den Verlust Ulivieri's trauert. Das Schiff, welches ausläuft und entweder an eine Klippe geräth oder in den Hafen zurückkehrt, ist das Bild des menschlichen Lebens, welches bald gewaltsam untergeht, bald in den Hafen, in die Ruhe zurückkehrt, wo es aber auch seinem endlichen Schicksale, dem Untergange, nicht entgehen kann (27,189 s—s).

108] Endlich aber hat Pulci das Bild des Schiffes für sein Gedicht durch alle Gesänge durchgeführt*). Das Auslaufen, die Fahrt, sowie die endliche Rückkehr einer Barke ist das Bild des Anfanges (1,4 s—s), des Fortganges und endlichen Schlusses (28,154 s) seiner Dichtung. Der Steuermann dieser Barke ist zunächst sein Gewährsmann Turpino, dann folgen, wo dieser ihn verlässt, die anderen Autoren seiner angeblichen Quellen. Dieses Bild führt er aus, indem er sagt, den Lootsen, welcher sein Schiff leitete, habe er nun verloren; jetzt müsse er selbst nach dem Lande steuern und, da die Sonde häufig irreführe, nach den Anzeichen seiner Nadel den Hafen zu erreichen suchen (28,24 s—s). Durch Laviren aber wolle er nun das reich beladene und schwere Schiff in denselben zu bringen suchen (28,25 s—s). In der Ausführung dieses Bildes geht er sogar

---

*) Dasselbe hat er Dante entlehnt. Cf. Parad. C. II.

so weit, dass er sagt, er wolle seine Matrosen schlagen und peitschen, um seine Rückkehr zu beschleunigen (28, 8 ı—s). Er müsse an eine kurze Überfahrt denken (28, 47 s—s); von dieser läuft er denn auch endlich in den Hafen ein (28, 130)

109] Zum Schluss ist noch hinzuweisen auf die **Personification des Todes**. Er wird von Pulci als ein hässlicher Alter bezeichnet, der in der Schlacht bei Roncisvalle aber weder taub noch blind scheint, vielmehr oft seine krumme Sense wetzt, die Klauen schärft und den tapferen Helden beobachtet. Zuweilen geht er auch zu einem anderen Helden, welcher gegen eine grosse Zahl Feinde kämpft, und belustigt sich dort auf seine Weise. Überall da heftet er sich an, wo er Gewinn für sich sieht (27, 90 ı—s).

B. Einfache Bilder und Vergleiche.

I. Der Inhalt derselben besteht aus Anspielungen auf mythologische oder historische Personen oder Thatsachen. Er ist entlehnt:

a. der christlichen Religionsgeschichte.

α. dem alten Testamente.

110] **Cain und Abelle** sind das Bild des bösen und des unschuldigen Mannes, von denen der erstere den letzteren beneidet (26, 26 ₄).

111] Die **Sprachen zu Babel** sind das Bild der Vielzüngigkeit (26, 26 ₅); der Fall des Thurmes zu Babel das Bild einer gewaltigen Erschütterung (27, 46 s—s).

112] **Lamecche** (26, 26 s), der Vater Noah's; der Sinn dieser Anspielung ist mir unklar.

113] **Melchisedecche** ist durch seine Treue das Bild eines Mannes, auf den man bauen kann (?) (26, 26 ı).

114] **Moisè** ist das Bild eines treuen und bewährten Führers eines Volkes (28, 87 ₄).

115] **Faraone** ist dagegen das Bild eines grausamen Despoten (22, 109 ₈).

116] Sein **Land Egitto** ist das Land der Bedrängniss und Noth (24, 1 ₈).

117] **Gioseppe** ist das Bild eines keuschen Jünglings (15, 102 ₄).

118] Das **Manna** in der Wüste ist das Bild eines reichlich vorgesetzten Essens (19, 127 ₄).

119] **Assalon** ist das Bild eines Unglücklichen (19, 15 ₄).

120] **Rachele** ist das Bild einer anmuthig gehenden Jungfrau (15, 102 ı).

121] **Sanson** ist das Bild eines Helden von grosser körperlicher Kraft (19, 171 ₄.—s).

122] **Davitte**, welcher Goliath getödtet hatte, ist das Bild eines viel gefeierten Helden (22, 64 ᵥ—s).

123] **Salamone** ist das Bild des Weisen (28, 22 ₈).

124] **Die Führung des Tobia** durch einen Engel ist das Bild einer sicheren Begleitung (4, 5₁—₄; 26, 117₁—₅).

125] **Jobbe** ist das Bild des geduldigen Mannes (27, 141₅; 27, 196₁), sowie des Unglücklichen (22, 28₄).

126] **Die Vereinigung der Gebeine zu Giusaffà** wird mit einem ähnlichen Vorgange in Roncisvalle verglichen (27, 210₆—₇).

127] **Die Zerstörung Sodoma's und Gomorra's** ist das Bild der entsetzlichen Verwüstung einer Stadt (27, 254₁—₂).

128] **Belo** (der im alten Testamente erwähnte heidnische Gott Baal) ist das Bild eines abgöttisch verehrten Wesens (28, 125₆).

β. dem neuen Testamente und der christlichen Legende.

129] **Christus** selbst, der zwischen Ochsen und Eseln das Licht der Welt erblickte, ist das Bild eines in gemeiner Umgebung Geborenen (19, 142₂—₅); sein Zug nach Jerusalem ist das Bild des geräuschvollen Empfanges eines willkommenen Helden (22, 114₁—₄). Ferner ist er das Bild eines beredten Mannes (24, 34₁).

130] In derselben Bedeutung begegnen uns **die vier Evangelisten** (24, 33₁—₂; 34₁).

131] **Die Magier** sind das Bild eines Fürsten, welcher einen anderen Weg einschlägt, als den, welchen er einem anderen angegeben (25, 184₄).

132] **Lazzero** ist, als er aus dem Grabe gestiegen, das Bild eines höchst Bestürzten und Verwunderten (26, 102₁—₂).

133] **Zaccheo** ist das Bild des Schwächlings, der selbst über ein kleines Hinderniss nicht hinwegkommen kann (24, 139₁—₄), sowie dessen, der zur Besichtigung eines Vorganges einen Baum erklettert (22, 60₂).

134] **Der Zweifler Toma** ist das Bild eines Vorsichtigen, der zur richtigen Erkenntniss einer Sache diese erst mit den Händen befühlen muss (26, 45₂).

135] **Die Aufopferung der christlichen Märtyrer** ist ein Bild der Todesverachtung oder vielmehr der Sehnsucht nach dem Tode (27, 140₁—₃).

136] **Die Dornenkrone** ist das Bild des bitteren Todes (26, 7₄).

137] **Das Verfahren des Tito und Vespasiano** gegen die Juden ist das Bild der Grausamkeit der Sieger in einer eroberten Stadt (27, 259₁—₂).

138] **Geronimo** ist das Bild eines reuigen Büssers (27, 149₁—₂).

139] **Francesco** *(alle stimite)* ist das Bild eines äusserst betrübten Helden (27, 131₄).

140] **Guida Scariotto** ist das Bild des Verräthers (16, 84₁; 24, 34₁—₂; 26, 107₅); sein Kuss ist von böser Vorbedeutung (11, 6₂; 24, 42₅; 25, 4₂; 25, 13₂). Er ist aber auch das Bild des Verdammten (25, 69₂), sowie des Bösewichtes, der mit seinem Opfer an einem Tische isst (22, 78₂) und für seinen Verrath Geld erhält (25, 65₂). Die bekannten biblischen Vorgänge werden mit Begebenheiten aus dem Leben Gano's, Marsilio's und Bianciardino's verglichen, sie werden unzählige Male mit Giuda verglichen. Auch ist der Tod der beiden letztgenannten Verräther mit dem dieses

Jüngers verglichen, indem sie durch Erhängen an einem Maulbeerbaume ihr Ende finden (27, 267₁).

141] Die Pharisäer sind das Bild einer Menge, welche auf den Tod ihres Opfers lauert (28, 8₄; 27, 25₆) oder dasselbe noch auf gemeine Art beschimpft und misshandelt (11, 85₁—₃).

b. dem Gebiete des christlichen Kultus.

142] Gott selbst ist das Bild dessen, der Böses mit Gutem vergilt (1, 71₅) und des Angebeteten (19, 126₄).

143] Die Engel sind das Bild höchster körperlicher Schönheit (15, 68₆—₈; 22, 225₈); gewöhnlich werden die Damen mit ihnen verglichen.

144] Der Erzengel Micaelle ist das Bild eines mit bösen Mächten Kämpfenden (24, 117₁—₃).

145] Der Himmel, wo die Cherubime wohnen und Gesang und Musik ertönt, ist das Bild des Ortes, wo Jemandem die höchste Glückseligkeit winkt (26, 126₁—₃). Dieser Ort ist für den Helden die Schlacht.

146] Das Vaterunser ist das Bild des Glaubwürdigsten (24, 61₈).

147] Lucifer oder Belzebù ist ein Bild der abschreckendsten Hässlichkeit (28, 12₁—₃), sowie dessen, der ganz und gar schwarz ist (21, 46 ₆—₇). Ferner ist er das Bild des Versuchers zum Bösen (25, 25₆—₈), und, entfesselt, das Bild der furchtbarsten Wuth (26, 66₈).

148] Die Teufel (*diavoli*) sind in ihrem Zorne ebenfalls Bilder der höchsten Wuth (8, 75₁, 25, 150). Sodann ist der Teufel ein Bild dessen der seine grösste Freude an schrecklichen Scenen hat (20, 89₁) oder auch des Helden, welcher im Kampfe eine wunderbare Tapferkeit zeigt (26,112₄).

149] Im Orlando finden wir eine Teufelin (*diavolessa*) als Bild eines wüthenden, hässlichen Weibes (C. 47).

150] Die Hölle ist das Bild eines Ortes, an dem alle Schrecken losgelassen sind (27, 240₁—₃); eine Esse in der untersten Grotte ist das Bild eines Flammenmeeres, welches in das nächtliche Dunkel hineinleuchtet (27, 247₁—₄), hier des brennenden Siragoza.

151] Die Dämonen sind wie die Teufel Bilder der von einer zügellosen Wuth Erfassten (13, 51₅—₈); ihr Geheul ist das Bild eines schauerlichen Gebrülls (24, 102¹—₃).

152] In der Spagna sind sie das Bild der bösen Wesen, durch die den Christen grosser Schaden zugefügt wird, gewöhnlich eines tapferen heidnischen Fürsten in der Schlacht (31, 89₃; 31, 38₄; 32, 6₄); dann aber auch des Verräthers Gano (36, 4₄).

c. der Mythologie.

153] Giove ist der Gott, dessen Thron als der höchste Ort über der Erde bezeichnet wird (24. 124₁—₄; 26, 65₄). Es wird deshalb, um ein grosses Getöse hervorzuheben, von diesem gesagt, dass es bis zu ihm hinaufdringe; sein Zorn äussert sich im Gewitter (25, 73₆—₈).

154] Giuno wird ebenfalls als in höchster Höhe thronend genannt (25, 226₁—₃); ihre Nase ist das Bild einer schönen Form dieses Körpertheiles (15, 99₄).

155] Marte ist das Bild des starken und tapferen Helden (10, 55₄;

15,104₁—₂; 17,57₄; 22,51₃; 22,105₄; 25,199₃), oder der Furchtlosigkeit (25,105₁—₃). Zur besonderen Hervorhebung der Tapferkeit eines Ritters wird ihm dieser in obigen Eigenschaften als überlegen bezeichnet (27,30₁—₄).

156] Amor oder Cupido wird als Gott der Liebe häufig erwähnt, und zwar gewöhnlich als Bogenschütze (5,17₃), der seine liebeerzeugenden Pfeile in das Herz seiner Opfer sendet (12,80₃) oder die Flammen der Liebe im Herzen schürt (16,21₃). Einmal wird er auch ein Reiter genannt, der zwischen den Liebenden vermittelnd hin- und herreitet (13,50₄—₃).

157] Das Gesicht der Venere ist das Bild höchster Schönheit (15,99₃), ebenso ihr Lockenhaar (3,17₁—₄).

158] Palla ist das Bild einer geschickten Weberin kunstvoller Stoffe (14,43₄—₃). Ihre Schultern und der Hals sind das Bild blendend weisser Hautfarbe (15,99₃).

159] Die Nymphen der Palla sowie der Diana sind das Bild einer Schaar wunderschöner Mädchen (6,8₁—₃).

160] Febo ist die Personification der Sonne. Er fährt auf seinem Wagen Morgens vom Osten aus und taucht Abends im Ocean wieder unter (6,2₁; 22,2₁; 25,74₄—₄; 15,36₁—₃).

Dasselbe Bild des Wagens Febo's für die Sonne begegnet uns im Orlando (Bl. 75; 52).

161] Die Fahrt mit dem Sonnenwagen durch Fetonte ist das Bild des unregelmässigen Laufes der Sonne (27,216₁—₄), und zwar hier bei Gelegenheit der Ankunft Karl's in Roncisvalle.

162] Mercurio und Apollo sind das Bild hervorragender Dichter (28,151₁—₄).

163] Fortuna mit dem beständig sich drehenden Rade ist das Bild der Launenhaftigkeit des Schicksals (10,70₄; 17,2₃; 27,38₄; 22,38₁—₄; 2,49₁—₄; 25,275₄). Ihr Zorn ist das Bild eines furchtbaren Geschickes (23,54₁—₄).

164] I bassi Stigi, der Styx, ist das Bild des Todes (27,8₁—₄).

165] Minosso ist das Bild eines hässlichen Geschöpfes (20,79₃).

166] Proserpina ist das Bild eines Mädchens, welches, mit Blumen spielend, überrascht und geraubt wird (19,12₁—₃); ihre Taille ist das Bild der schönen Körperform eines Mädchens (15,100₄).

167] Die Schmiede Vulcano's ist das Bild eines Ortes, wo allenthalben ein betäubendes Getöse und eine furchtbare Gluth verbreitet ist (26,65₁—₃); hier des eroberten Siragozza.

168] Die Furie ist das Bild eines zornigen Weibes (27,250₁), oder auch eines Mannes (26,185₁).

169] Der Gesang Filomena's ist das Bild eines süssen Liedes, einer vorzüglichen Dichtung (28,68₁—₄).

170] Nesso ist das Bild dessen, der noch im Tode seine Rache ausübt (1,72₁—₄).

171] Ateonne ist das Bild eines schwer Gestraften (26,129₃).

172] Narcisso ist das Bild des keuschen Jünglings (15,102₄), sowie dessen, der sich im Wasser spiegelt (25,58₁).

173] An dieser Stelle wollen wir erwähnen, dass im Orlando sich eine Aufzählung von Personen findet, welche dem Verfasser aus der romanischen Poesie bekannt sind. Es sind dies: Teseo, Salamone, Salmanassar, Alessandro, Ptolomeo, Aristotele, Ippocrate, Galeno, Lucano, Avicenna, Virgilio, Piramo und Tisbe, Anteo, Troilo, Jason, Emilio, Arcita, Palamon, Omero, Sanson, Lancelot, Tristan, welche sämmtlich als Personen erwähnt sind, die sich durch grosse Liebe zu einem Weibe ausgezeichnet hätten.

Ferner kann an diese Abtheilung, worin es sich ja meist um Personification abstracter Begriffe (der Liebe) oder überirdischer Körper (der Sonne) handelt, eine andere angeschlossen werden, wo nämlich von dem Dichter im Principe dasselbe geschehen ist, indem er obigen Begriffen oder leblosen Gegenständen übernatürliche sinnliche oder sittliche Qualitäten beilegt.

174] Der Wunsch ist das Bild dessen, der eilig dahinfliegt (21, 55 s).

175] Der Tod ist das Bild des Schlechten (26, 128 s).

176] Die Erde ist das Bild des Erzeugenden und Nährenden (27, 147 s).

177] Das Leben und die Hoffnung sind ein Bild des Süssen, des Angenehmen (28, 153 s).

178] Die weinende Sonne oder die weinenden Pflanzen und Steine sind Bilder des höchsten Mitleids (27, 1 s; 22, 150 s—s; 27, 180 s).

179] Die auf ihrer Bahn stillstehende Sonne oder der Mond sind das Bild der höchsten Wirkung glänzender Eigenschaften (16, 12 s.—s).

d. Der Inhalt der Bilder und Vergleiche ist der griechischen und römischen Sage und Geschichte entnommen:

α. der griechischen Sage und Geschichte.

Hier finden wir vornehmlich die Personen und Begebenheiten erwähnt, die uns aus der Iliade bekannt sind; so:

180] Achille als Bild eines vorzüglichen Helden (22, 107 s; 15, 24 s. —s), sowie des ersten und tapfersten Ritters eines Heeres, durch dessen Eingreifen nach göttlicher Weissagung das Schicksal einer Stadt entschieden wird (27, 137 s.—s). Ihm zur Seite steht Ettore als Bild eines tapferen Streiters (15, 24 s; 10, 55 r; 22, 132 s).

181] In derselben Bedeutung findet sich Ettore in der Spagna (31, 5 s; 36, 27 s).

182] Das nach Troja ausziehende Heer der Hellenen ist als Bild einer ungeheuern Zahl von Kriegern angewandt (8, 6 s.—s).

183] Diomede im Gespräch mit Turno ist das Bild dessen, der falscher Weise behauptet, von seinen früheren Verbündeten Undank geerntet zu haben (24, 17 s).

184] Cassandra ist das Bild eines Sehers, dessen Prophezeiungen nicht geglaubt wird (24, 104 s.—s).

185] Ecuba ist das Bild der Raserei; mit ihr wird das wüthende Ross Rinaldo's verglichen (27, 74 s).

186] Iocasta ist das Bild einer elenden, unglücklichen Frau (27, 250₁—₂).

187] Corebo beim Anblick der Cassandra in der Nacht der Zerstörung Troja's ist das Bild des zur Befreiung seiner Geliebten herbeistürzenden Ritters (27, 251₂—₇).

188] Ulisse ist das Bild des Weitgereisten, des ziellos in der Welt Umhergeschweiften (28, 29₂).

189] Pirramo und Tisbe sind das Bild zweier sich innig liebender Wesen, von denen das eine den Tod des anderen betrauert (27, 103₁—₂).

In derselben Bedeutung als Bild zweier sich innig Liebender finden sie sich im Orlando erwähnt (Bl. 115).

190] Die Augen des Argo sind das Bild des scharfen Gesichtssinnes (26, 151₂).

191] Das Heer des Serse und Dario ist das Bild einer grossen Menge von Kriegern (26, 110₇).

192] Der Schatz des Dario ist als Bild eines grossen Reichthums an Werthgegenständen gebraucht (25, 91₂—₂).

193] Alessandro ist das Bild eines unerschrockenen Helden, dem kein feindliches Heer zu gross ist (26, 45₇—₂).

194] Demostene ist das Bild eines gewandten Redners (25, 39₄).

195] Pericle ist erwähnt als das Bild des Helden, bei dessen Tod seine ganze Vaterstadt Trauerkleider anlegte (27, 221₂—₇).

196] Die Keule des Ercole, mit der er den Cacco erschlug, ist das Bild einer gewaltigen, Alles zerschmetternden Waffe (27, 11₁—₂).

197] Biante ist das Bild dessen, der seine ganze Habe aus der Zerstörung hinwegträgt (27, 263₁—₂).

β. der römischen Sage und Geschichte.

198] Dido ist das Bild der Frau, die, nachdem sie den Geliebten verloren, schwört, sich das Leben zu nehmen (27, 219₇).

199] Orazio ist das Bild des Helden, dessen Name hochgepriesen ist (26, 38₁—₂); ferner dessen, der den Kampf allein gegen Viele besteht (22, 135₁—₂) und dabei viele Hiebe und Stösse aushalten muss (27, 244₁).

200] Ferner sind als Bilder berühmter Helden angeführt: Marcello 15, 23₁—₂; 22, 132₁—₂) und Paulo (22, 132₂).

201] Annibale ist das Bild eines tapferen Helden (15, 23₁—₂) sowie eines mächtigen Feldherrn (22, 132₁); namentlich wird er als solcher nach seinem Siege am Trasimenischen See und Cannae, wo er auf dem Gipfel seiner Macht stand, erwähnt (27, 87₂).

202] Cammillo wird als Wiederhersteller des römischen Reiches mit Karl dem Grossen verglichen (28, 94₁—₂); er ist das Bild eines tapferen Feldherrn (22, 132₂).

203] Cammilla oder Pentessilea ist das Bild eines gewaffnet in den Kampf ziehenden Mädchens (15, 109₁—₂).

204] Cicerone ist das Bild eines tüchtigen Redners (25, 16₄).

205] **Papirio Cursor** ist das Bild des im Kriege erfahrenen Feldherrn (28, 87₃).

206] **Scipio Africano** ist das Bild des grossen Feldherrn (22, 132₅), sowie des Wohlthäters (28, 87₄), hier Karl's des Grossen.

207] **Cesare** ist zunächst wieder das Bild des grossen Feldherrn (22, 132₁), der nach seinem Siege in Thessalien auf dem Gipfel der Macht stand (27, 87₃); dann aber ist er auch das Bild des Helden, vor dessen Tode der Himmel Zeichen und Wunder thut (28, 111₁—₃); seine Seele ist das Bild der erhabenen Gesinnung (25, 105₄).

208] **Die Heimkehr des Furio** nach seiner Stadt ist das Bild eines im Triumphe einziehenden Helden (25, 24₁—₃).

209] **Vespasiano und Tito** sind das Bild der Feldherren, die die unterworfenen Einwohner einer Stadt als Sklaven verkaufen (27, 227₁—₃).

210] **La tuba di Lucano** (?) ist das Bild des Dichters, der seinen Fürsten besingt und seine Thaten preist (24, 129₁).

211] **Die Klage Rom's über den Tod Scipio's** ist das Bild der Trauer einer Stadt über den Tod eines Helden, dem sie viel verdankt (27, 221₃).

212] **Das Heer Hannibal's** ist das Bild einer zahlreichen Kriegsmacht (24, 73₁—₃). Endlich ist

213] **Cursio** erwähnt als ein von der Erde Verschlungener (27, 270₁—₃) und als das Bild eines berühmten Helden (26, 38₁—₃).

214] **Sagunt oder Cartago** ist das Bild einer Stadt, die von Grund aus zerstört wird (27, 259₃).

Zu diesen Bildern kommen in der Spagna noch folgende Anspielungen auf historische Personen und Thatsachen:

215] **Sinonne** ist das Bild eines Verräthers (38, 20₁—₃); sein Tod ist das Bild des schmählichen Unterganges eines treulosen Mannes (39, 38₁—₃).

216] **Das Gemetzel unter den Trojanern und den Bewohnern Thessaliens** ist das Bild eines grossen Blutbades (32, 21₃—₃).

II. Der Inhalt der einfachen Bilder und Vergleiche ist dem Gebiete der Natur entnommen.

a. dem Thierreiche.

Auch hier wollen wir zunächst die freilebenden Thiere und dann die Hausthiere folgen lassen, indem wir zunächst die Vierfüssler anführen.

217] **Der Löwe** ist das Bild des durch Stärke und Tapferkeit Überlegenen (18, 12₄; 10, 44₄; 25, 107₄), sowie des Raublustigen (24, 27₄—₁); sein Herz ist das Bild des unerschrockenen Muthes (24, 146₁—₄). Namentlich wenn er vom Hunger gequält wird, ist sein Gebrüll das Bild einer furchterregenden, donnernden Stimme (9, 5₁—₃; 11, 104₁; 18, 63₃—₄); ebenso sein Schnaufen und Keuchen (7, 58₄; 10, 89₄). Der Angriff des Löwen auf eine Heerde ist das Bild des anstürmenden Helden auf eine

Schaar Feiglinge (21,81₁—₂; 22,133₁; 26,77₄), sein Kampf mit der Schlange das Bild zweier sich tödtlich hassender und im Kampfe mit einander ringender Feinde (19,40₁—₂). Dagegen gibt uns der im Käfig fieberkranke und sich verzehrende Löwe das Bild des sehnsüchtig nach etwas verlangenden Königs (27,71₇). Der spielende junge Löwe endlich ist das Bild der Geschicklickkeit und Behendigkeit (5,48₁—₂).

218] Der **Tiger** ist das Bild der Grausamkeit (16,32₁—₂; 27,74₄ der hyrcanische Tiger speciell erwähnt) und der Wuth (17,85₄); auf der anderen Seite aber ist er auch das Bild der Gewandtheit und Schnelligkeit (27,29₁—₂).

219] Der **Panther** (27,29₁—₂) steht in letzterer Beziehung neben ihm.

220] Der **Drache** ist das Bild der Furchtbarkeit im Kampfe (15,32₁; 26,142₁; 27,95₄), ebenso in der Spagna (32,39₁; 33,6₁—₂; 34,26₁; 37,29₁—₂). Namentlich sein Angriff ist das Bild des furchtbaren Ansturmes eines starken Helden (10,141₄). Er wird dem Löwen zur Seite gestellt; auch er ist durch sein Schnaufen furchtbar (25,211₄). Ferner ist er noch das Bild der Geschwindigkeit (17,62₁—₂) und der List (4,32₁—₂); seine Klauen sind das Bild scharfer Nägel oder Krallen (21,26₁—₂).

221] Der **Leopard** ist das Bild der Geschwindigkeit (5,28₁; 11,98₁), namentlich der Gewandtheit im Springen (6,32₁; 10,50₁—₂), sowie des sprungweise sich fortbewegenden Thieres (25,224₁).

222] Der **Elephant** ist das Bild des stehend an etwas angelehnt Schlafenden (18,161₁—₂).

223] Der **angegriffene Bär** ist das Bild des zornig und wüthend Kämpfenden (4,27₁—₂; 7,42₂; 17,85₄), der in seiner Wuth Alles um sich her vernichtet (5,43₁—₂; 27,84₄—₂). Sodann ist der in die Heerden eingefallene Bär das Bild der Mordlust (23,37₁—₂), und wenn er von den Hunden umringt ist, das Bild eines wüthenden, Alles um sich zerbeissenden Thieres (27,74₁—₂); seine Umarmung ist das Bild einer gefährlichen Lage (21,44₁—₂); als Höhlenbewohner endlich ist er das Bild des unter der Erde wohnenden und von dort aus Alles überfallenden Menschen (21,44₁—₂).

224] In letzterer Beziehung steht der **Dachs** mit ihm in einer Reihe (5,53₃).

225] Der **Wolf**, welcher in eine Schafheerde eingefallen ist, ist das Bild des widerstandslos Alles Mordenden (11,99₃; 18,64₄). Er gilt überhaupt häufig als der blutdürstige Feind gegenüber dem arglosen Schafe (so 22,246₂; 12,88₄; 22,100₃; 24,166₂), der mit List und unter dem Scheine des Harmlosen auf Verrath ausgeht (22,30₂; 24,20₂; 25,271₇—₂). Er trägt sein Opfer fort, um es an einen sicheren Ort zu bringen (15,48₁—₂; 22,172₂). Namentlich aber ist er auch ein Bild der Wuth (13,52₄) und dann des Gefährlichen, alles Niederwerfenden (27,91₁—₄) und heftig Beissenden (27,70₄). Desshalb fliehen die Schafe vor ihm in aller Hast, er ist dann das Bild des Feindes, welcher ganze Haufen verstörter und geängstigter Wesen vor sich hertreibt (11,106₁—₂).

226] Der **Stier** ist das Bild grosser Stärke und ungestümer Tapferkeit (3,74₄; 27,20₄). Sein Gebrüll ist das Bild einer heftigen, furchterregenden, zornigen Stimme (9,61₃; 23,18₃), ebenso sein Schnaufen (16,76₃).

227] Der angreifende Eber ist das Bild des blind in die Feinde Stürmenden (18,16₃(.

In der Spagna ist der Eber das Bild des tapferen Helden, welcher seinen Feinden so viel Schaden thut als er kann (32,7₅–₈). Dort finden wir noch erwähnt

228] den Griffardo als Bild eines tapferen Ritters (32.35₃).

229] Die Giraffe ist das Bild der Grösse, so dass eine furchtbare Stärke dazu gehört, sie mit einem Hiebe zu spalten. In diesem Sinne wird sie genannt (21,142₇).

230] Der Affe ist das Bild eines behenden Springers (19,42₅–₆), sowie der Schnelligkeit (22,45₅). Durch seine lächerlichen Geberden ist er endlich noch als Bild des Possenreissers angewandt (21,93₅–₆).

231] Der Lauf des Dromedars ist (jedenfalls in ironischer Weise) das Bild der Geschwindigkeit (2,39₁–₅).

232] Der Hirsch ist das Bild des behend springenden (11,98₁ ₆; 22,105₄) und schnell laufenden Thieres (5,45₁), daneben aber auch der Furchtsamkeit (26,124₅–₆; 27,37₅–₇). Auch in der Spagna finden wir ihn als Bild der Schnelligkeit erwähnt (31,33₇).

233] Der Fuchs ist das Bild des Falschen und Boshaften (16,84₆; 25,172₆; 27,241₇), des Hinterlistigen und Schlauen (25,61₅). Wenn er von den Hunden gequält und herumgezerrt wird, ist er das Bild des endlich gefangenen und gerecht bestraften Verräthers (27,168₅–₆; 28,9₁–₅).

234] Das Hermelin ist das Bild der Schnelligkeit (2,25₃).

235] das Eichhörnchen dessen, welcher sicher auf einem Raume sitzt (13,62₅).

236] Das Stachelschwein ist das Bild eines rings von scharfen Waffen Starrenden (3,6₅).

237] Der Maulwurf ist das Bild dessen, der im Dunkeln arbeiten muss (25,253₅), und

238] die Maus das Bild des ein Haus von oben bis unten Durchsuchenden (18,157₅).

239] Der Hase, welcher sich in der Mitte der Hunde befindet, ist ein Bild des Hülflosen und Schwachen (21,146₁), wenn er aber aus seinem Verstecke hervorgeholt ist, das Bild des entdeckten Betrügers (22,101₅).

240] In der Spagna sind die auf der Jagd erlegten Hasen das Bild einer grossen Menge getödteter Menschen (34,35₃–₄).

241] Unter den Hausthieren finden wir den Hund am häufigsten erwähnt. Er ist ein gemeines, unedles Thier; Jemanden wie einen Hund tödten, heisst Jemanden auf eine unrühmliche Art und Weise umbringen; ebenso: wie ein Hund sterben. In dieser Bedeutung wird der Hund häufig erwähnt, (7,49₅; 9,86₅; 13,56₅; 14,6₅; 20,7₅; 24,133₁; 24,137₅; 27, 268₇). In derselben Bedeutung wird er in der Spagna erwähnt (28,44₅; 29,28₅). Daneben ist er in der Spagna als Bild des Hässlichen, Missgestalteten gebraucht (33,15₇–₈). Im Morgante wird er dann weiter als Bild eines gemeinen Geschöpfes genannt (18,102₅; 27,231₅; 3,46₅; 26,126₅). Der geprügelte Hund ist das Bild dessen, der über alle

Massen ausgeklopft wird (15,41s; 28,13s); Wenn die Hunde beim Klange der Peitsche furchtsam zusammenfahren, sind sie das Bild der Feigheit, so eines Heeres, welches beim Klange der Keule oder des Schwertes eines Helden auf die Rüstungen in Furcht und Angst versetzt wird (27,42s.—s). Der angekettete Hund ist das Bild des Unfreien, des gefangenen gemeinen Menschen (28,8s), sowie der an der Schwelle angebundene Hund das Bild des gefesselten Verräthers (27,261s). Sein Bellen ist das Bild einer rohen widerwärtigen Stimme (24,73s; 5,40s; 5,43s). Sein Hass ist das Bild der Unversöhnlichkeit (24,46v); das Knirschen des Knochens, den er benagt, wird verglichen mit dem Knirschen eines Harnisches (4,66s—s), er selbst mit einem Menschen, der voll Heisshunger und gierig dieselbe Thätigkeit treibt (3,42s; 19,87s). Der Jagdhund wird gebraucht als Bild eines Verfolgers (18,130s); Wenn sie zur Jagd ausziehn, sind sie das Bild der Menge, welche nach dem Tode eines Opfers verlangt und schreit (22,200s.–s), und wenn sie sich um einen Hasen geschaart haben, sind sie das Bild derer, die an einem Wehrlosen oder Todten ihren Muthwillen und ihre Wuth auslassen (21,146s).

242] Das Schooshündchen ist das Bild eines verächtlich Zurückgewiesenen (16,58s).

243] Der Windhund ist das Bild eines geschickt und hoch Springenden (5,48s; 8,73s; 21,36s), sowie ein Bild der Geschwindigkeit (27,62s).

244] Die Katze ist ebenfalls ein Bild des leicht und gewandt Springenden (10,51s.–s; 27,26s; 27,33s), sowie eines leicht und unverletzt aus einer grossen Höhe niederfallenden Thieres (25,249s), dann aber auch des Falschen, Boshaften (26,95v). Der gebratene Kater wird im Scherz als Bild einer trübseligen Gestalt erwähnt (21,123s).

245] Das Schwein, welches aus einem Troge frisst, ist das Bild dessen, welcher gierig schmutzige Speisen verschlingt (3,42s; 3,43s.—s), sowie des Schmatzenden (19,132s), endlich überhaupt das Bild eines Schmutzigen, Besudelten (27,262s). Die gerösteten Schweine sind das Bild einer Speise, die mit Behagen verzehrt wird (27,264s), hier der menschlichen Körper, welche von einem Riesen aus den Flammen der brennenden Häuser geholt und verschlungen werden.

246] Der Bock ist das Bild des Bärtigen (25,319s).

247] Das Schaf dagegen ist ein Bild der Feigheit und Hülflosigkeit (26,78s; 20,64s; cf. Wolf). Dann aber ist es auch Bild der Geduld und der Ruhe (11,73s; 13,66s—s; 13,68s.—s), die Heerde das Bild eines treuen Volkes (28,86s.–s). Endlich wendet der Dichter das Schaf, welches dem mit Salz bestreuten Brode nachläuft, als das Bild dessen an, welcher blindlings einem Anderen und dessen Rath folgt, also als Bild der Dummheit und Einfalt (22,198s.—s).

248] Der Esel ist das Bild dessen, auf den wacker mit dem Stocke losgeschlagen wird (2,41s; 21,92s).

249] Die Ziege ist das Bild des geschickten Springers (26,62s), sowie dessen, der sich ruhig und widerstandslos abschlachten (27,246s) oder gefangen nehmen lässt (20,64s.–s).

250] Der Büffel ist das Bild dessen, der sich ruhig von einem Anderen an der Nase herumführen lässt (25,118s.–s).

251] Die Schindmähre ist als Bild eines Lumpen und Verräthers gebraucht (25, 15₁ — ₂).

252] Die *bestia* im Allgemeinen ist das Bild der Rohheit und Gemeinheit, (24, 17₃; 23, 21₃; 26, 136₄); die losgelassene oder wüthende Bestia ist das Bild der Wildheit (23, 19₃; 21, 43₂ — ₃), sowie der Gefahr. Ebenso das Raubthier (*fera*) (26, 140₄).

Von den Vögeln finden wir folgende angeführt:

253] Das Bild des Vogels oder vielmehr seines Fluges finden wir sehr häufig zur Bezeichnung der Geschwindigkeit und der leichten Beweglichkeit angewandt (5, 28₄; 7, 48₃; 9, 34₂; 10, 109₁ — ₂; 11, 99₄; 15, 23₃; 17, 62₁; 22, 17₃; 24, 98₃; 25, 45₃; 27, 29₃; 27, 37₂); ferner der Leichtigkeit, mit welcher ein Thier die Luft durchschneidet (25, 225₄) oder aus derselben niedersinkt (11, 133₃) oder in ihr umherschweift (24, 109₁ — ₂). Die in der Luft vor dem Sturme, dem Hagel oder dem Gewitter fliehenden Vögel sind das Bild der vor einer mächtigen Gewalt ängstlich fliehenden Schaar (24, 142₁ ‐ ₄). In derselben Bedeutung erwähnt der Dichter des Orlando die vor dem Falken fliehenden Vögel (Bl. 142). Der Vogel mit gestutzten Flügeln ist ferner im Morgante das Bild des an schneller Bewegung Gehinderten (27, 173₃). Auch ist er das Bild dessen, der sein Nest, seine Heimath über Alles liebt (25, 21₁ ‐ ₃); die Bezeichnung *uccellaccio* aber wird gebraucht für den schäbig und abgerissen aussehenden Ritter (22, 231₃; 21, 131₃).

254] Der Raubvogel, der ruhig in der Luft schwebt, ist das Bild des zum Angriff bereiten Helden (18, 92₃ — ₄), und, wenn er auf Rebhühner niederstösst, das Bild der Mordlust (27, 26₃ — ₄).

255] Der Adler, welcher nach der Sonne schaut, ist das Bild des Ritters, welcher unverwandt eine blendende Schönheit betrachtet (14, 41₃ — ₄). Der auf etwas stossende Adler ist das Bild des Helden, der sich mit überlegener Kraft in die Schaar der Feinde stürzt (27, 88₁ — ₃).

256] Der Falke ist das Bild der Behendigkeit und Schnelligkeit (8, 82₃; 9, 47₃; 10, 109₁ — ₂). Das Bild des lauernden Falken wird zur Bezeichnung des Helden gebraucht, welcher aufmerksam nach seiner Beute auspäht (11, 79₂). Der Falke wird ferner der Taube gegenübergestellt als Bild der Überlegenheit (22, 133₁ — ₃). Wenn ihm die Kappe vom Kopfe genommen wird, ist er das Bild des von einem ungewohnten, plötzlichen Anblick Geblendeten (16, 64₃ — ₄).

257] Der Sperber, welcher im Gebüsche lauert, ist als Bild der Beutelust gebraucht (26, 89₃), wenn er die Beute verfolgt, als Bild der Geschwindigkeit (24, 98₃), und wenn ihm die Amsel entschlüpft endlich als Bild dessen, der sich vor Zorn über einen verfehlten Streich schüttelt (22, 11₃ — ₄).

258] Der Habicht, welcher ein Huhn ergreift, ist das Bild des gierig nach seinem Opfer schnappenden Räubers (27, 25₃ — ₄).

259] Der Rabe ist das Bild eines Geschöpfes von schwarzer Körperfarbe (5, 40₃; 17, 91₁; 20, 81₁ — ₃; 26, 73₁ — ₄), der Thurmrabe ist das Bild der Schlauheit (6, 68₃ — ₄). Durch seine krächzende Stimme ist er sodann das Bild des ungerechten Kritikers (28, 144₁ — ₄).

260] Der Häher mit seinem feuerrothen Flecke an der Seite ist das Bild eines Geohrfeigten (24,168₄.—₅).

261] Der Kranich ist das Bild eines schnell und gewaltig in die Lüfte steigenden Thieres (25,225₁—₄).

262] Der Krammetsvogel (cf. 19) wird häufig als Bild des Betrogenen gebraucht. Wenn er sich vom Leime wieder befreit hat, wird er als Bild des glücklich einer Falle Entgangenen angeführt (27,107₄). Sein Kopf ist, wie der des Huhnes, das Bild der Weichheit, des leicht zu Zertrümmernden (26,63₁); daher wird er auch als Bild dessen, der durch einen einzigen Schlag auf den Kopf betäubt wird, angewandt (17,46₇).

263] Die Elster ist das Bild der Schwatzhaftigkeit (19,133₄) und des hin und her Hüpfenden (24,92₄).

264] Die Schwalbe ist das Bild der Geschwindigkeit (2,76₃, namentlich im Herumwerfen während der Bewegung 22,133₃).

265] In dieser Beziehung steht der Baumfalke (12,51₃) ihr gleich.

266] Das niedergeschlagene Käuzchen ist das Bild des wehrlos Daliegenden (19,43₁—₂).

267] Die Feldhühner sind zur Bezeichnung einer äusserst zahlreichen Thierart angeführt (23,42₃).

268] Die Staare, welche an einem ebenen Orte in das Netz fallen, sind das Bild der schmählich Betrogenen (24,40₁—₄).

269] Der Gimpel ist das Bild der Wehrlosigkeit (25,108₃).

270] Der Pelikan ist das Bild der höchsten Liebe (27,124₃), hier in religiösem Sinne für Christus gebraucht.

271] Die Gans wird als Bild der Dummheit angeführt (11,9₃; 21,59₄); die Schaar Gänse, welche an einem Kohlstrunke fressen, ist das Bild der Menge, welche sich in Überzahl zur Vernichtung eines Einzelnen vereinigt hat (22,201₃).

272] Der Hahn ist das Bild des Bespornten (19,46₁; 18,148₃).

272] Das Huhn, oder vielmehr das Küchlein, auf einem Haufen Garben oder Werg stehend, ist das Bild des Kleinen, des gegenüber einem Anderen Unbedeutenden (10,86₃—₄; 19,46₁—₂); ferner ist es das Bild des durch einen Schlag todt Niederstürzenden (14,33₃); sein Kopf wie der des Krammetsvogels ist das Bild der Weichheit, des leicht zu Zertrümmernden (4,15₃).

274] Die Ente ist das Bild dessen, der eine Pfütze durchwatet (25,273₇).

275] Die Taube endlich ist das Bild der Schwachheit (22,133₁ ··₃; 23, 22₄- ₅) und der Schnelligkeit (8,82₁—₂).

276] Von den Reptilien finden wir zunächst den Frosch erwähnt, und zwar als Bild der geringen Grösse, der Geringfügigkeit (12,57₃) und des in einer Falle hülflos Gefangenen (2,21₃). Endlich ist er das Bild eines zu schindenden Gefangenen (28,10₃).

277] Die Schlange ist das Bild der Undankbarkeit (24,27₃—₄) und der Falschheit (24,127₃). In dieser sowie in ihrer Eigenschaft als eines tödtbringenden Wesens ist sie das Bild der Sünde (26,37.). Der Knochen dient zur Bezeichnung eines mordenden Tones (5,59.; 23,21.), sei es eines Schwertes oder eines Wurfspiesses. Endlich ist sie noch das Bild eines sich ausdehnenden Wesens (21,76.) und im Feuer geworfen eines furchtbaren Zornes (27,73.). In der Sprache finden wir sie als Bild eines im Kampfe fruchtbaren heidnischen Helden (33,6.—.; 35,12.—.).

278] Die Kröten sind ebenfalls das Bild der lebendig Gerichteten (27,256.).

Von den Fischen haben wir:

279] den Fisch im Allgemeinen, der ausser dem Wasser sich befindet, als das Bild dessen, der seiner nothwendigsten Existenzbedingung beraubt ist (19,128.—.).

280] Ferner ist der Delphin als Bild eines geschickten Schwimmers gebraucht (20,40.).

281] Die Barbe ist das Bild des nach Luft Schnappenden (30,48.).

282] Endlich ist die Schleihe das Bild des vom Kopf bis zu den Füssen durchschnittenen Körpers (10,17.).

Von den Insekten finden wir:

283] die Raupe, die sich auf dem Ginster eingesponnen hat, als das Bild eines Gefangenen, dem keine Öffnung übrig bleibt (2,27.—.), sowie als das Bild dessen, der auf grünen Zweigen sein Lager aufgeschlagen hat (23,48.).

284] Der Krebs ist das Bild des Höhlenbewohners (5,55.—.); wenn er seine Schale abgeworfen hat, ist er das Bild des spurlos aus seiner Rüstung verschwundenen Körpers (26,71.—.). Endlich ist er das Bild eines unbedeutenden Geschöpfes (23,30.).

285] Die Biene ist das Bild des Stechenden (22,134.); die im Wein gefangene Biene ist das Bild dessen, der durch eine Lockspeise betrogen wird (25,106.—.), und der aus dem Stocke vertriebene Bienenschwarm das Bild eines aus seinem brennenden Lager fliehenden Heeres (7,32.—.). Endlich sind die honigsammelnden Bienen das Bild derer, die aus dem Eigenthume eines Anderen das Beste herausholen und für sich verwerthen (28,141.—.).

286] Die Mücke ist das Bild der Schnelligkeit (24,97.); ihr Stachel das Bild einer unbedeutenden Waffe (13,52.). Die Mücken und Schmetterlinge in Apulien sind das Bild einer unzählbaren Menge (25,332.—.); daher ist eine einzelne Mücke in Apulien ein Bild der Geringfügigkeit (25,69.).

287] Dasselbe gilt vom Schmetterlinge, der deshalb als Ausdruck der Geringschätzung dient (6,58.).

288] Die Muschel ist das Bild des sich Krümmenden (10,148.; 16,100.).

289] Die Grille ist das Bild eines nicht hoch springenden Thieres (16,99.—.; 25,247.).

290] Die Pferdebremse dagegen ist ein Bild des Blutdurstes (26,142.; 24,143.—.).

291] Mit ihr gleich ist der Egel in dieser Beziehung gestellt. Letzterer wird dann noch einmal als Bild dessen angeführt, der lange Jemanden küsst, nach dessen Blut er begierig ist (25, 4 ı).

292] Das Johanniswürmchen ist das Bild der leuchtenden Funken, welche durch den Schlag eines Schwertes aus dem Helme springen (3, 6 ᴀ), sowie dessen, der bald sichtbar ist, bald wieder dem Auge entschwindet (24, 94 ı—ᴏ). Die Zahl der Johanniswürmchen im August sind das Bild einer ungeheuer grossen Menge (3, 6 ᴀ).

293] Der Stich der Wespe ist das Bild einer unbedeutenden Wunde (7, 44 ᴀ).

294] Der Holzwurm ist das Bild des stetig Nagenden, er wird daher als das Bild der heftigen Reue gebraucht (25, 57 ᴀ).

b. dem Pflanzenreiche.

295] Der Baum überhaupt (speciell der zum Mastbaum verwendete) ist das Bild der gewaltigen Grösse; die Wurzel ein Bild des Breiten, Ausgedehnten (1, 69 ᴀ—ᴏ).

296] Die Eiche ist in Bezug auf ihr Holz das Bild eines harten, widerstandsfähigen Körpers, ebenso die Buche (18, 16 ᴀ).

297] Der Arlsbeerbaum ist das Bild eines rauhen Körpers (5, 52 ᴀ);

298] Die blühende Palme ist ein Bild des Sieges (28, 72 ᴀ).

299] Der Samen ist das Bild des erzeugenden Stoffes (24, 35 ᴀ), hier der bösen Anlagen in einem Menschen. Sodann ist er ein Bild des Kleinen, Geringen (12, 35 ᴀ, ebenso das Blatt in der Redensart: *non ve ne rimase seme o foglia*).

300] Das Blatt ist das Bild des leicht Dahinfliegenden (5, 26 ᴀ) und eines leicht zu zerstörenden Körpers (12, 52 ᴀ, 17, 63 ᴀ).

301] Die Blume ist das Bild des durch glänzende Eigenschaften Hervorragenden oder überhaupt des in seiner Art Hervorragenden, z. B.: *il fior de' cavalieri*, aber auch: *il fior de' traditori* (9, 25 ᴀ; 10, 66 ᴀ; 17, 128 ı; 18, 92 ᴀ; 20, 14 ᴀ; 20, 61 ᴀ; 23, 12 ᴀ). Dieselbe bildliche Bedeutung hat die Blume in der Spagna (31, 34 ı; 35, 48 ı; 36, 1 ᴀ; 38, 31 ᴀ).

302] Die Rose ist das Bild des Rothen, Jugendfrischen (12, 73 ᴀ; 9, 50 ᴀ), namentlich in Bezug auf weibliche Schönheit. In derselben Bedeutung ist sie im Orlando erwähnt, und zwar allgemein als Bild der Schönen (Bl. 91), ferner als Bild der frischen Farbe (Bl. 111) und der Reinheit (Bl. 96). Sodann ist sie im Morgante das Bild des Angenehmen und Schönen, das aber nicht ohne Unannehmlichkeiten zu geniessen ist (11, 8 ᴀ) und das, wenn es vergangen ist, nur das Unangenehme zurücklässt (19, 26 ı). Sie ist das Bild des Begehrenswerthen (24, 25 ᴀ – ᴏ), zu dessen Erlangung man aber Hindernisse zu überwinden hat (17, 19 ᴀ—ᴏ). Die zur rechten Zeit blühende Rose ist das Bild des rechtzeitig erreichten Zieles (25, 101 ᴀ).

303] Im Orlando ist als Bild der frischen und reinen Farbe die Lilie der Rose gleichgestellt (Bl. 111; 96).

304] Der Stengel des Fenchels ist das Bild des leicht beim Stosse Zerbrechenden (11, 39 ᴀ; 12, 57 ᴀ; 22, 225 ı), sowie des dünnen und leichten Stiftes, der als Zahnstocher gebraucht wird (19, 83 ᴀ—ᴏ).

305] Die Nessel ist das Bild des Verletzenden, des Stechenden (28,151ı), dessen, welches eine nachhaltige Empfindung verursacht (25,310ı.—ı).

306] Das Rohr ist das Bild des leicht Zerbrechlichen (3,46ı).

307] Der Pilz ist das Bild des mit einer weitrundigen Kopfbedeckung Versehenen (2,9ı).

308] Das Heu sowie die Pflanze überhaupt ist ein Bild des gewöhnlichen gemeinen Futters (25,13ı, was in Gegensatz gestellt wird); die Bezeichnung »trista erba«, »traurige Pflanze«, wird einem gewöhnlichen, verächtlichen Menschen beigelegt (15,48ı).

309] Der Kohlstrunk (vgl. 271) ist das Bild des von einer Schlange rasch und sicher ergriffenen Menschen (4,65ı) und das Bild eines leicht und glatt zu durchschneidenden Körpers (17,85ı; 21,28ı).

310] Das trockene Laub ist das Bild eines leicht brennbaren Körpers (27,254ı.—ı).

311] Die Pistazie ist das Bild eines gewöhnlichen, werthlosen Gegenstandes (5,49ı).

312] Die Frucht ist das Bild dessen, was mit Nothwendigkeit aus einer Thätigkeit hervorgeht (26,21ı.—ı; 27,165ı; 28,103ı); daher die unreife, saure Frucht das Bild einer unvollendeten Thätigkeit (28,1ı—ı).

313] Die Nuss ist das Bild eines leicht zu zertrümmernden Gegenstandes (3,51ı; 7,65ı.—ı; 27,45ı—ı).

314] In dieser Beziehung ist der Pfirsichkern (7,65ı) ihr gleich.

315] Der Kürbis ist das Bild eines Körpers, welcher glatt und leicht zerschnitten wird (27,10ı) und wird in dieser Beziehung oft als Bild des Kopfes gebraucht (19,176ı; 21,35ı—ı).

316] Die Melone ist ein Bild des Gewöhnlichen, Gemeinen, welches nicht geschätzt wird (22,167ı), ist dann aber auch in derselben Bedeutung wie der Kürbis (cf. 315) bildlich angewandt (21,36ı).

317] Auch das Lauch begegnet uns in dieser Bedeutung ((26,137ı), sowie die Gurke (27,44ı) und die Rübe (20,67ı; 26,77ı.—ı).

318] Die reife Birne ist das Bild eines schwer hinfallenden Körpers (18,13ı; 25,302ı; 27,53ı); sie ist im Orlando in derselben Bedeutung gebraucht (Bl. 132).

319] Die Feige ist ebenfalls das Bild eines völlig werthlosen, gewöhnlichen Gegenstandes, den man nicht beachtet (12,51ı); die im August gewachsenen (3,41ı—ı) ebenso wie die abfallenden Feigen (18,138ı.—ı) sind das Bild einer ungeheuer grossen Zahl von Gegenständen. Als Bild eines völlig werthlosen Gegenstandes in Ausdrücken der Geringschätzung ist sie auch in der Spagna erwähnt (28,43ı; 30,16ı; 33,38ı).

320] Die Eichel ist das Bild eines runden Körpers, welcher leicht zu zertrümmern ist (27,48ı), nämlich des Kopfes. Ferner ist sie als Bild einer höchst gemeinen Speise, die zu hochfeinen Gerichten in Gegensatz gestellt wird (6,12ı; 25,206ı). In derselben Bedeutung finden wir die Erdbeere (22,26ı) erwähnt.

321] Der Mohn ist das Bild eines Körpers, dessen oberer Theil leicht von dem unteren abgetrennt wird (27,23₂), hier das Bild des leicht vom Rumpfe getrennten Kopfes.

322] In derselben Bedeutung ist das Büschel Weizen oder Hirse (26,138₅-₆) bildlich erwähnt.

323] Der Dorn ist ein Bild des uns schmerzlich Berührenden oder in uns Eindringenden, und zwar hier das Bild des Schmerzes selbst (27,270₅).

324] Das Gewächs überhaupt (*agrume*) dient wie *uccellaccio* und *erba* zur spöttischen Bezeichnung eines verkommen aussehenden Menschen (12, 44₄). Dieser Ausdruck entspricht dem deutschen »Früchtchen« oder »Vogel«, welches ja häufig in derselben Bedeutung angewandt wird (cf. 253, 308).

325] Das Blühen ist die bildliche Bezeichnung für die glänzende Entfaltung und Ausdehnung eines Geschlechtes (14,37₁), einer Sitte (10, 86₁), Tugend (28, 97₁) oder Sprache (28, 149₄-₅).

326] Endlich wollen wir hier noch die Maulbeere erwähnen, welche in der Spagna als Bild eines Körpers von schwarzer Farbe angewandt wird (31, 17₁).

c. dem Mineralreiche.

327] Das Gold ist ein Bild dessen, der erst durch die Einwirkung eines anderen Elementes geläutert wird (18,198₇-₈), und zwar hier ein Bild des Charakters des Morgante, welcher durch die Einwirkung eines anderen verfeinert wird.

328] Im Orlando ist das geprägte Gold das Bild eines Körpers von glänzend gelber Farbe (Bl. 111) und zwar der Locke einer Dame.

329] Das Silber, welches im Morgante nicht bildlich erwähnt ist, findet sich im Orlando als Bild eines Körpers von glänzend weisser Farbe (Bl. 111—112).

330] Ferner ist im Morgante das Quecksilber das Bild steter Beweglichkeit (5, 47₅-₆).

331] Der Magnet ist das Bild eines Körpers, welcher einen anderen anzieht (28,147₃). Ebenso im Orlando Bl. 111—112.

332] Als Bild grosser Härte eines Gegenstandes sind folgende Körper genannt: der Porphyr (5,58₂; 24,23₁-₂); der Serpentin (27, 21₃); der Stahl (4,13₃) und die Korallen (23, 44₃), sowie im übertragenen Sinne zur Bezeichnung der Härte des Herzens: der Stein (24, 146₃), der Jaspis und Diamant (4,87₃).und der Marmor (6,17₃).

333] Der Schwefel ist das Bild dessen, wodurch eine Flamme gesteigert wird (13,50₇-₈). Pulci vergleicht das Gläser-Anstossen zweier Liebenden mit dem Schwefel, durch welchen die Flamme der Liebe noch heisser entbrennt. Der im Feuer brennende Schwefel ist ihm das Bild des durch Flammen Verzehrten (19,156₅-₇), hier des Ritters, welcher durch die Liebe verzehrt wird. Endlich wird die Entzündung des Schwefels erwähnt, um die grosse Hitze hervorzuheben, welche durch heftige Schläge erzeugt wird (27, 20₃-₄).

334] Der Karfunkel ist das Bild eines leuchtenden, glänzenden Körpers, im Morgante eines Vogels (25, 330₅-₆), im Orlando des Auges (Bl. 111₃).

335] Ferner ist der Rubin in der Spagna das Bild eines rothen Körpers, und zwar des Blutes (35, 14₃).

d. Die Bilder und Vergleiche beziehen sich auf allgemeine, in der Natur vorkommende Erscheinungen:

336] Das Meer im Sturme ist das Bild eines furchtbaren Kampfes, hier des Getöses in demselben (27,50₅); speciell das Rothe Meer im Sturme zeigt uns das Bild einer weiten, auf- und abwogenden rothen Fläche (27,57₁—₃), nämlich der rothen Helmbüsche der heranziehenden und kämpfenden Schaaren. Das Brausen des Meeres ist das Bild eines starken, stetig anhaltenden dumpfen Geräusches (27, 212₃-₅), und zwar hier der Klage einer Volksmenge. Endlich aber ist das ruhig werdende Meer das Bild der höchsten Wirkung einer glänzenden Eigenschaft (16,32₃—₇).

337] Der Sand am Meere wird als Bild einer unzählbaren Menge gebraucht (26,46₁-₂).

338] Der See ist das Bild der grossen Menge einer Flüssigkeit und wird in dieser Bedeutung bildlich zur Bezeichnung der Menge Blut auf einem Schlachtfelde genannt (21,72₃; 22,132₃; 26,142₃). In derselben Bedeutung ist er in der Spagna (32,39₃) bildlich gebraucht. Einmal nennt Pulci in diesem Sinne speciell den lago di Fucecchio (23,6₃). In übertragenem Sinne wird er zur Bezeichnung der grossen Ausdehnung von irgend etwas gebraucht (23,27₃), und zwar hier einer Rede: *fece un lago di Teologia.*

339] In derselben Bedeutung zur Bezeichnung der grossen Menge einer Flüssigkeit, und zwar des Blutes, finden sich genannt: der Golf (27,20₅), der Graben (27,75₃), der Bach (19,16₃) und die Quelle (22, 140₃).

340] Die Quelle ist ferner in übertragenem Sinne als Bild dessen gebraucht, woraus eine edle Eigenschaft entspringt, oder dessen, der reich ist an einer Tugend (10,111₃; 12,1₁-₃; 16,47₇). In demselben Sinne ist sie im Orlando bildlich gebraucht (Bl. 114₃). Im Morgante ist sie in dieser Bedeutung mit dem Flusse in Climax neben einander gestellt (8,₉₉). Die vertrocknende Quelle ist das Bild des Aufhörens dieser Eigenschaft (11,74₃—₄).

341] Die Sündfluth ist das Bild einer ungeheuren, unabsehbaren, bewegten Fläche, einer grossen Menschenmenge (7,44₇).

342] Der Sumpf ist das Bild des weitausgedehnten, blutgetränkten Schlachtfeldes (3,74₃).

343] Der Berg ist das Bild einer gewaltigen, umfangreichen Masse, und zwar des Körpers eines Giganten (1,74₁; 12,50₃; 24,64₃; 24,114₃) oder eines Thieres (19,54₇; 9,60₁—₃). In derselben Bedeutung wird er in der Spagna bildlich gebraucht (37,16₃). Im Morgante ist er dann noch das Bild grosser Härte, indem die Spaltung eines Berges zur Darstellung der grossen Kraft eines Schlages erwähnt wird (21,61₃—₃).

344] In dieser Eigenschaft, als Bild grosser Härte, wird auch der Fels erwähnt (17,103₃).

345] Die Gesteinsmasse ist das Bild eines starr und unbeweglich daliegenden Körpers (22,129₃); ihr Sturz wird als Bild eines furchtbaren Getöses gebraucht (15,54₃).

346] Der Aetna ist das Bild eines Körpers, der in seinem Innern eine furchtbare Gluth birgt (25,55₈), und zwar wird mit ihm das Herz von zwei Liebenden verglichen. Die Funken, welche er emporschleudert, sind das Bild einer grossen Menge von Funken, welche aus dem Helme eines Ritters im Kampfe fliegen (13, 38₈—₈).

347] Die sich öffnende oder die niederstürzende Erde wird zur Bezeichnung eines gewaltigen Getöses angewandt (10,64₇—₈; 10, 72₁—₈).

348] Der Wind ist das Bild des schnell Dahineilenden (11,99₈—₈; 27,16₈; 28,61₈), ebenso im Orlando (Bl. 7₇). Im Morgante ist er ferner das Bild des heftig Anstürmenden (21,112₈—₈; 24,188₄), welcher Alles vor sich niederwirft (18,64₈) und zerbricht (26,76₈). Das Säuseln des Windes ist das Bild eines sanften Geräusches (27,132₈—₈).

349] Das Feuer ist das Bild eines heissen, verzehrenden Gefühles, namentlich der Liebe, und zwar der göttlichen, christlichen Liebe (26,28 ₈—₈; 27,156₈), der verwandtschaftlichen (1,78₈) oder der geschlechtlichen Liebe (6,9₇—₈; 12,41₈—₇; 13,50₈; 16,20₈—₈; 16,91₈; 25,310₈; 27,282 ₈—₈). So wie der Aetna zur Bezeichnung der Grösse derselben, so wird der Funken zur Bezeichnung eines kleinen Theiles derselben genannt (25,285₈). Ferner dient das Feuer als Bild einer bösen Leidenschaft (25, 54₈—₈), ebenso in der Spagna (28,29₈). Sodann ist es in seiner Eigenschaft als verzehrendes, zerstörendes Element das Bild des Krieges (12, 13₁—₈; 15,90₈; 22,33₈; 22,56₈; 22,170₈), das Strohfeuer dagegen das Bild einer rasch vorübergehenden Schlacht (27,233₁—₈). Ferner wird die rothe Farbe des Gesichtes mit seiner Farbe verglichen (7,60₈; 10,48₈; 18,84₁), ebenso der Glanz der Augen mit demjenigen des Feuers (25,287₇).

350] Die natürliche Wärme eines Körpers ist das, was zu seiner Erhaltung nothwendig ist, und daher hier ein Bild des Orlando, welcher für das fränkische Reich das war, was die Wärme für einen Körper ist (9,6₈—₇).

351] Das Schneegestöber ist das Bild der bunt und regellos durcheinanderwirbelnden und niederfallenden Körper (25,278₇; 27,54₈).

352] In derselben Bedeutung findet sich in der Spagna der Hagelschlag bildlich gebraucht (33,27₈), um die Zahl der niederfallenden Geschosse im Kampfe hervorzuheben.

353] Das Eis ist im Morgante das Bild eines Körpers von geringer Widerstandskraft und leichter Zerbrechlichkeit (12,61₈—₈; 22,130₈; 24, 107₁—₈; 27,36₈; 27,264₈), ebenso in der Spagna (33,19₈; 35,22₈; 37,19₈). Daher wird auch ein Schwächling im Morgante als ein *uom di ghiaccio* (22,231₈) bezeichnet. Endlich ist es als ein Körper genannt, zu dessen Erwärmung(!) es grosser Hitze bedarf (18,193₁—₈, *Morgante martella, ch'arebbe fatto riscaldare il ghiaccio*).

354] Der in der Sonne schmelzende Schnee ist das Bild des raschen Vergehens (7,34₈). In der Spagna ist der Schnee, wie das Eis, das Bild eines Körpers von geringer Widerstandskraft (32,33₁—₈).

355] Der Rauch in der bewegten Luft ist, wie der Schnee, ein Bild des raschen Vergehens, so dass der Dichter mit ihm die Worte vergleicht, welche der Wind verweht (7,34₈—₈).

Von Himmelserscheinungen sind erwähnt:

356] Das Gewitter. Der Blitz und der Donner sind das Bild zweier Gewalten, welche mit unwiderstehlicher Gewalt dahinstürmen, und zwar hier zweier Helden, welche sich auf die Feinde werfen (11,100₁—₃). Oder der Blitz und der nachfolgende Donner geben uns das Bild eines leuchtend niederfahrenden Körpers, welchem ein dumpfes Geräusch folgt, nämlich eines auf den Helm niedersausenden Schwertes und des darauf folgenden Klanges (22,132₁).

357] Der Blitz allein ist ein Bild der Geschwindigkeit (10,110₄; 18,17₃; 19,61₃; 25,167₃—₇; 25,260₇; 26,88₇; 26,131₁—₃; 28,30₃). Damit verbunden ist er auch das Bild eines anstürmenden (15,25₃—₄), unwiderstehlichen Helden (27,89₄.—₅).

358] Der Donner ist das Bild eines gewaltigen, dumpfen Geräusches (7,56₅) oder dessen, der dasselbe hervorruft (8,82₄; 10,64₅), sowie des rasch Verschwindenden, hier eines flüchtig enteilenden Königs (27,98₄).

359] Ausserdem sind in der Spagna noch erwähnt die Wolken am Himmel als das Bild einer Menge verschiedenfarbiger, langsam daherziehender Körper (30,2₇—₈), hier des grossen Heeres des Marsilio.

360] Die Sonne ist im Morgante das Bild des Leuchtenden, des Schönen und Reinen. Mit ihr sind namentlich die schönen Damen verglichen (2,68₁—₄; 4,75₃—₄; 6,18₃—₄; 10,123₃; 13,49₃—₄; 14,86₇—₈; 15,109₄—₅; 17,12₃; 19,17₄; 19,25₅—₆), sowie ein durch seine Thaten hervorragender Fürst (28,98₄—₅). Die die Sterne überstrahlende Sonne ist das Bild der Dame oder des Fürsten, die ihre Umgebung durch Schönheit übertreffen (17,11₄; 22,175₁—₄). Der Sonnenstrahl ist das Bild des leuchtenden Blickes eines Auges (3,9₄). Die Morgensonne, welche Alles vor sich zerstreut, ist das Bild eines Helden, welcher seine Feinde vor sich niederwirft (24,130₄—₅), und endlich der Blick der Sonne auf die Planeten das Bild der steten Aufmerksamkeit, welche ein Ritter seiner Dame zuwendet (10,43₇—₈).

361] Der Mond ist ein Bild des stets sich Drehenden, des ewigen Wechsels, und in dieser Beziehung wird mit ihm das Schicksal verglichen (11,8₁—₅). Der auf seiner Bahn stillstehende Mond wird daher als Bild der höchsten Wirkung einer herrlichen Eigenschaft gebraucht (16,12₃—₄).

362] Der Komet übertrifft an Glanz und Schönheit die anderen Sterne und ist daher ein Bild des Fürsten, welcher seine Umgebung durch äusseren Glanz übertrifft (22,175₃—₄).

363] Der Stern ist ebenfalls ein Bild des Glanzes, der Schönheit (9,64₃; 12,40₁—₃; 6,9₃—₄; 14,22₃; 14,40₅; 15,101₄). In derselben Bedeutung wird er im Orlando bildlich gebraucht (Bl. 11; 96), und zwar steht ihm in dieser Beziehung der Tag (Bl. 11) gleich. Sein Strahl ist das Bild eines funkelnden Schwertes (5,53₁—₃). In seiner Bedeutung für die Seefahrer ist er das Bild des Führers, des Leiters (7,1₃; 9,65₃; 15,68₅; 25,396₅; 28,2₇—₈). Die Sterne im Allgemeinen führt Pulci als das Bild einer ungeheuren Zahl von Einzelobjekten an (14,67₄).

364] Der Einsturz des Himmelsgewölbes endlich dient zur Bezeichnung eines furchtbaren Getöses (27,154₃—₄).

III. Der Inhalt der Bilder und Vergleiche ist dem Leben, dem Kriegsleben, dem bürgerlichen und Verkehrsleben entnommen:

a. dem Kriegsleben.

365] Der Pfeil ist das Bild der Geschwindigkeit, des schnell Dahineilenden (2.74a; 5,28s; 5,35s; 11,99s.—s; 17,62t.—s; 26,75s.—s). In derselben Bedeutung wird er im Orlando (Bl. 12), sowie der Spagna (32, 33s) bildlich gebraucht. Im Morgante ist der eindringende oder schon eingedrungene Pfeil das Bild einer erwachenden oder schon erwachten Leidenschaft, und zwar der Liebe (13,49s; 14,92s; 16, 20t.—s) oder des Neides (22,199s).

366] Das aus der Armbrust fliegende Geschoss ist ebenfalls das Bild der Schnelligkeit einer Bewegung (4,31s; 22,51s); ebenso in der Spagna (32,11s.—t; 39,33s.—s).

367] Der Laut eines aus der Schleuder fliegenden Steines ist das Bild eines kurz abgebrochenen Tones (5,60s.—s), dagegen das Geräusch eines so fortgeschleuderten Steines das Bild eines sausenden, anhaltenden Tones (27,158s).

368] Der Knall einer Bombarde ist das Bild eines heftigen, plötzlichen Geräusches (19,149s).

369] Das eindringende Messer ist ein Bild eines plötzlich erwachenden Gefühls, so der Liebe (15,15s) oder der Furcht (27,241s.—s). In dieser Bedeutung wird auch die Lanze bildlich gebraucht (27,241 s. s). Das an der Seite hängende vergiftete Messer ist das Bild des stets bereiten Verrathes (24,35s).

370] Das Schwert ist das Bild eines tapferen Fürsten (28,87s), und zwar wird Karl der Grosse das heilige Schwert genannt.

371] Die Hand ist das Bild einer schwachen, ungefährlichen Waffe und als solche den anderen Kriegsgeräthschaften gegenübergestellt (22, 166t.—s)

372] Der Klang der Tuba ist das Bild des Krieges bez. Kriegslärmes (24,179s).

373] Der Thurm ist das Bild eines hohen und gewaltigen Körpers, gewöhnlich eines Giganten (10,152s.—s; 14,30s; 17,102s; 19,45s.—s; 21, 142s); sein Fall ist also das Bild einer mächtigen Erschütterung (10, 142s; 14,34t).

374] Die Mauer ist das Bild des Festen, Unbeweglichen (16,75s.—t), also des unerschütterlich im Kampfe dastehenden Helden (16,76t).

375] Ebenso ist das Castell ein Bild des nur schwer zu Erschütternden, zu dessen Fall es einer übermässigen Kraft bedarf (7,18t.—s).

376] Im Orlando finden sich dann noch die Rüstung (le armi, C. 48), sowie die Helmkrone (cimieri, C. 47), verglichen mit einem harten, undurchdringlichen Körper.

377] In der Spagna endlich ist der Wurfspiess im Vergleich zur Lanze als Bild einer leicht zerbrechlichen Waffe angeführt (31,9s).

b. der Inhalt der Bilder und Vergleiche bezieht sich auf Personen, Gegenstände oder Vorgänge aus dem bürgerlichen Leben.

378] Der **Vater** ist das Bild des Erzeugers von irgend etwas (27, 268 a), hier der Lüge.

379] Der **Bruder** ist das Bild des zärtlich Liebenden (1, 61 a) oder Geliebten (2, 62 a; 21, 16 a—a). In ersterer Beziehung findet er sich auch in der Spagna (32, 25 a; 36, 18 r) erwähnt. Das **Muttersöhnchen** ist ein Bild dessen, der vor allen Anderen am meisten geliebt wird (27, 58 a).

380] Das **Kind**, welches Vater oder Mutter vor seinen Augen sterben sieht, ist das Bild des von dem bittersten Schmerz Erfüllten, welcher den ihm Theuersten von der Erde scheiden sieht (27, 131 a—a). Dagegen ist das Kind, welches einen dummen Streich begangen hat, das Bild dessen, der kläglich um Vergebung bitten muss (22, 205 a—a). Das **kleine Kind** (*bambino*) endlich wird als Bild des Unselbständigen gebraucht (22, 198 a); ebenso in der Spagna (35, 34 r).

381] Der **Schneider**, welcher die Näthe auftrennt, ist das Bild dessen, der seinem Gegner viele Wunden beibringt (19, 40 a, 41 a—a; 19, 51 a—a). Wenn er genau den Schnitt macht, ist er das Bild dessen, der einen Körper glatt durchschneidet, sei es den eines Menschen (18, 106 a) oder eines Thieres (19, 96 a). Dagegen ist der Schneider, welcher keinen Knoten macht und den Stich verliert, ein Bild der Unaufmerksamkeit (25, 267 a).

382] Die **Hochzeitmeister** sind das Bild einer reich gekleideten Schaar (25, 215 a—a).

383] Der **Bergbewohner**, welcher die Buche fällt, ist ein Bild des Mannes, der ein grosses Getöse verursacht (18, 107 a—a).

384] Der **Kranke** wird als Bild eines heftig schwankenden Körpers gebraucht (20, 87 a), und zwar eines Schiffes im Sturme; der Kranke, welcher vom Husten gequält wird, ist das Bild eines Ritters, dem durch die Erschütterung des Lanzenstosses die Brust beengt ist (16, 78 a—a).

385] Der **Verliebte** bei seiner Dame ist das Bild dessen, der beim Anblicke eines Mädchens heftig erröthet (7, 67 a—a).

386] **Derjenige, dem plötzlich etwas Neues begegnet**, ist das Bild eines höchst Erstaunten (4, 74 a—a).

387] Der **Koch**, welcher sich stets in der Küche aufhält, ist das Bild eines Menschen, welcher an diesem Orte ebenfalls stets zu finden ist (19, 128 a—a).

388] Der **Holzhacker**, um den die Späne herumfliegen, ist ein Bild dessen, der durch mächtige Schläge harte Gegenstände zerstückelt, und zwar hier eines Helden, welcher die Panzer seiner Feinde zertrümmert (7, 50 r—a).

389] Die **Wollsortirer** sind das Bild der Feigheit; mit ihnen werden die zaghaft Fliehenden verglichen (20, 114 a).

390] Der **Papiermann**, Hampelmann, ist ein Bild des Schwachen, des Hinfälligen (27, 177 a).

391] Der Verwalter ist das Bild dessen, der für Alles sorgt (28, 49 s); hier wird Gott so bezeichnet.

392] Der Pilger, welcher einsam auf dem Wege zurückgeblieben ist, ist ein Bild dessen, der an einen geschiedenen Freund mit Liebe denkt (28, 31 s).

393] An diese Stelle wollen wir einen im Orlando Bl. 142 angeführten Vergleich setzen. Es sind darin diejenigen, welche beim Klange der Laute tanzen, das Bild einer geschwind dahineilenden Menge; mit ihnen sind die schnell Fliehenden verglichen.

394] Der Tanz ist das Bild eines wild durcheinanderwirbelnden Menschenhaufens, der Schlacht (26, 56 s). Ebenso in der Spagna (33, 7 s).

395] Der Gerichtsbote, welcher ausgeht, die Steuern einzutreiben, ist ein Bild dessen, welcher begierig ist, Jemanden zu berauben (18, 134 s—s); mit ihm ist daher der diebische Margutte verglichen.

396] Der Häscher wird als Bild dessen gebraucht, der einen Anderen laut anruft (27, 94 s).

397] Der Räuber ist das Bild des in der Welt umherschweifenden Mannes (8, 19 ı), sowie dessen, der sich in seinem Verstecke aufhält (19, 96 s) und wenn er ergriffen wird, gescholten und geschlagen wird (11, 66 s—ı).

398] Die Piraten sind das Bild der Krieger, welche auf ihrem Zuge Unheil und Verderben mit sich bringen (27, 235 s); hier wird das Heer Karls auf seinem Rachezuge nach Siragozza *corsari in terra* genannt.

399] Der Hirte, welcher seine Heerde wohl bewacht, ist das Bild eines guten Fürsten, welcher für das Wohl seiner Unterthanen sorgt (28, 107 ı).

400] Derjenige, welcher durch den Schmutz geht, statt den trockenen Weg einzuschlagen, ist das Bild eines Unklugen, welcher das Unbequeme dem Gemüthlichen vorzieht (7, 47 s—s).

401] Der Souccobrino (?) wird als Bild dessen, der sich durch komische Geberden auszeichnet, angeführt (24, 93 s).

402] Der Blinde ist das Bild eines sinnlos Umherirrenden (23, 27 s—s, 25 ı; 27, 61 s; 27, 66 s; 27, 188 s—s). An dieser Stelle wollen wir die hyperbolischen Redensarten wie *parea come passo, come disperato* erwähnen, uns aber mit einer Aufzählung der verschiedenen Ausdrücke dieser Art begnügen: *come pazzo* (21, 34 s; 20, 85 s—s) oder *come cosa pazza* (22, 183 s—s; 27, 243 s); *come matto, folle, folletto* (19, 127 s; 13, 13 ı; 8, 39 s! 13, 12 s—s); *come cosa matta* (1, 39 ı); *come morto* (27, 160 s; 27, 202 ı); *come cosa morta* (27, 231 s). Ferner findet sich die Redensart: *sono più che morto, come trasognato* (19, 85 s); *come una spiritata* (21, 48 ı); *come disperato* (9, 92 s; 26, 125 s; —s); *come poltrone* (10, 81 s; 24, 158 s); *come soro* (22, 124 s); *come ingiusto* (26, 24 s); *come fello* (25, 277 s—s); *come gaglioffo* (18, 104 s); *come uom grosso* (25, 232 s); *come fa chi sogna* (28, 35 s—s); *come stupefatto* (21, 9 s); *come cosa trasfigurata* (27, 153 s—s); *come cosa smarrita* (20, 96 s—s).

Von Gegenständen aus diesem Gebiete finden sich folgende erwähnt:

403] Das Brod ist das Bild eines leicht zu zerschneidenden Körpers (3, 71 s), indem das Niedermetzeln der Sarazonen mit dem Schneiden des Brodes verglichen wird. Das Zerschneiden des frischen Brodes, welches mit einem knirschenden Geräusche verbunden ist, wird mit dem Knirschen der zermalmten Knochen verglichen (27, 74 s.—s). Sodann ist das weisse Brod in seiner Eigenschaft als angenehmes Genussmittel das Bild einer schönen Dame, welche eine Speise für Liebende genannt wird (4, 53 s.—τ). In übertragenem Sinne wird endlich der Schmerz als hartes Brod bezeichnet (26, 27 τ; 28, 69 s.—s).

404] Der Honig ist das Bild der Süssigkeit (25, 104 s; 15, 102 s), und zwar wird eine wohllautende Rede als Honig bezeichnet.

405] In derselben Bedeutung wird der Zucker bildlich erwähnt (15, 102 s); der Geschmack des Zuckers ist ein Bild des angenehmen Gefühls, welches die befriedigte Rache hervorruft (28, 26 s; 27, 247 s).

406] Das Gift ist ein Bild der Sünde. Denn so, wie nach dem Genusse eines Giftes Hülfe nicht möglich ist, so lässt auch eine einmal begangene Sünde eine Rückkehr zum Guten nicht zu (25, 48 s).

407] Die gebackene Leber wendet Pulci als Bild dessen an, der in einem Sacke zusammengerollt und fortgetragen wird (7, 22 s; 20, 53 s).

408] Die gebratene Kastanie ist das Bild eines unbedeutenden Gegenstandes (24, 94 s; 23, 34 s).

409] Der gekochte Käse ist das Bild eines leicht zu zerschneidenden Körpers (5, 60 s).

410] In derselben Bedeutung wird die Milch bildlich gebraucht, da sie leicht mit dem Messer durchschnitten werden kann (18, 106 s). Jedenfalls haben wir hier nicht an die flüssige Milch zu denken, vielleicht an die geronnene oder an eine Art Käse. Ferner ist die Farbe der Milch das Bild eines zarten Weiss, und in Verbindung mit dem Roth der Scharlachbeere wird mit ihr das frische Gesicht einer schönen Dame verglichen (6, 17 s.—s).

411] Die Hefe ist das Bild eines spröden Stoffes, mit ihr wird das Holz der zersplitternden Lanze verglichen (17, 100 s).

412] Der Essig ist das Bild des Starken; mit ihm ist sonderbarer Weise die Stärke eines Helden verglichen (22, 50 s.—s).

413] Die Nudeln sind das Bild leicht zu zerschneidender Körper (22, 134 s).

414] Die Gallerte oder der Brei ist das Bild eines mit zerstückelten Gliedmassen bedeckten Raumes, worauf ein Durcheinander von festen und flüssigen Körpern sich befindet (19, 173 τ.—s; 23, 38 s; 20, 114 τ; 7, 56 s). Speciell das Aussehen des Schlachtfeldes von Roncisvalle wird mit demjenigen eines Neunaugenragouts verglichen (27, 99 s.—s).

415] Das Ei ist das Bild eines Körpers, welcher mit geringer Mühe zertrümmert wird (15, 42 s); das frische Ei aber ist das Bild eines Körpers, welcher leicht ausgetrunken werden kann (19, 61 s), und zwar hier eines Weinschlauches.

416] Der *maniscristo* oder *pinocchiato* ist das Bild einer angenehmen Speise (19, 69 s.—s).

417] Die Wirkung eines Opiumtrankes ist das Bild für die Wirkung eines schweren Schlages, welcher die Besinnung raubt (10, 146 s — s). Das Opium selbst ist das Bild des Verrathes (26, 96 s — s).

418] Der Schaum ist das Bild des Gemeinen, des Schmutzigen, des gemeinsten Strolches (19, 99 s; *la schiuma di tutti i ribaldi*).

419] Das Glas ist das Bild eines Körpers von leichter Zerbrechlichkeit (12, 61 s — s; 20, 87 s; 26, 63 s; 27, 264 s — s); es wird daher auch in übertragenem Sinne *ragion di vetro* in der Bedeutung: »ein schwacher, hinfälliger Grund« gesagt (24, 119 s).

420] Das Licht ist das Bild des Glänzenden, des Schönen; es ist daher der Geliebte das Licht des Herzens seiner Dame (16, 47 s), sowie umgekehrt die Dame das Licht des Geliebten (19, 17 s). Endlich ist das Licht das Bild eines hervorragenden Helden (27, 230 s — s) und Dichters (28, 82 s — s). In demselben Sinne findet sich das Bild des Lichtes im Orlando (Bl. 114).

421] Das Wachs ist das Bild eines leicht zerstörbaren, weichen Stoffes (7, 85 s; 12, 61 s; 8, 83 s — s; 19, 67 s; 24, 106 s); das in der Sonne schmelzende Wachs ist ein Bild des raschen Vergehens (7, 34 s). In derselben Bedeutung als leicht zu zerstörender Körper findet es sich bildlich in der Spagna (30, 21 s; 31, 35 s; 35, 7 s).

422] Die Wachskerze ist als Bild eines langaufgeschossenen dürren Menschen gebraucht (24, 59 s; 26, 73 s). Ferner ist sie als Bild eines leicht herbeizuschaffenden Gegenstandes (7, 12 s), sowie endlich als Bild eines hell leuchtenden Körpers, hier des Mondes, angewandt (20, 30 s).

423] Der Spiegel ist das Bild des Reinen, Fleckenlosen, der uns unsere Fehler erkennen lässt, und in dieser Beziehung das Bild eines durch seine Tugenden hervorragenden Fürsten (27, 230 s — s; 28, 107 s — s).

424] Im Orlando ist er in ähnlicher Bedeutung das Bild des glänzenden Ritters, der der Herzensspiegel seiner Dame ist (Bl. 114).

425] In der Spagna ist er das Bild der äusseren Schönheit eines Jünglings (28, 8 s).

426] Der Ball oder der Dudelsack (22, 79 s) ist das Bild des Aufgeblasenen.

427] Das Öl ist das Bild des Ruhigen (8, 98 s), sowie des Lindernden, Heilenden; und zwar wird hier die Barmherzigkeit ein Öl genannt (25, 153 s).

428] Der Schachkampf, bei dem Jemand mit dem Bauern mitten auf dem Brette matt gesetzt wird, ist das Bild eines Kampfes mit einem leicht zu überwindenden Gegner (3, 67 s — s).

429] Das Becken oder die Schalmei sind das Bild eines tönenden, metallenen Körpers. Daher wird mit ihnen der Ton verglichen, der durch den Schlag des Schwertes auf einen Helm entsteht (26, 135 s — s; 20, 99 s).

430] Die Kohle ist das Bild eines Körpers von schwarzer Farbe (2, 32 s); ebenso im Orlando (Bl. 12).

431] Die Feder ist das Bild der Leichtigkeit (1, 69 s).

432] Die Kastanienpfanne und das Reibeisen sind das Bild eines überall durchlöcherten Körpers, hier des mit Wunden bedeckten Körpers (27, 85 s. — e).

433] Die Kastanienschalen sind ein Bild des Scharfen, des Stechenden (27, 234 e).

434] Die Lauchschalen sind das Bild dessen, was der Wind verweht, hier der vergeblichen Gebote (27, 242 a).

435] Der Balken ist das Bild einer langen, mächtigen Waffe, so dass mit ihm ein übermässig dicker Stock (22, 243 r; 27, 27 s) oder eine Lanze (17, 119 r — a) verglichen wird.

436] Die Säule ist zunächst das Bild eines starren, kalten Körpers (1, 41 r — s), nämlich einer Leiche. Ferner ist sie das Bild eines hohen (21, 42 s) und festen Körpers, der nicht von der Stelle weicht (15, 26 s), und wird in dieser Eigenschaft mit dem Helden im Kampfe verglichen. In derselben Bedeutung ist sie in der Spagna das Bild des Stützenden, des Helden, auf dem ein Reich beruht (39, 5 s — e).

437] Das Rad ist das Bild des in stetem Laufe Fortstrebenden, des Schicksals (2, 49 s - e; 17, 2 e; 22, 38 s — e; 24, 156 r; 27, 38 e), sowie dessen, was noch in seiner Bewegung fortführt, wenn ihm ein Anstoss gegeben ist; es wird in dieser Beziehung mit der Fantasie verglichen (28, 152 s. — e).

438] Der Boden eines Fasses ist das Bild eines runden Gegenstandes von beträchtlichem Umfange (4, 35 s), hier eines Brodes.

439] Die Wasserblase ist das Bild eines leicht zu zertrümmernden Gegenstandes (6, 15 s).

440] Ebenso sind das Spinnengewebe (20, 95 e), das Spitzengewebe (26, 60 s) und die *scheggia* (?) Bilder leicht zu zertrümmernder Gegenstände, namentlich der Waffen.

441] Die Kette ist das Bild des Bindenden und wird daher als Bild der Liebe gebraucht (6, 21 s).

442] Ebenso ist der Keil als ein Körper, der in einen anderen eindringt und daraus nur mit Mühe entfernt wird, in übertragenem Sinne ein Bild der Liebe (6, 23 e).

443] Das Sieb ist das Bild eines durchlöcherten Körpers, nämlich des mit Wunden bedeckten Körpers eines Helden im Kampfe (7, 43 s).

444] Die Winde ist ein Bild des sich schnell Drehenden; es wird daher mit ihr der Ritter im Kampfe verglichen (7, 43 s).

445] Die Uhr ist als ein regelmässig schlagender Gegenstand verglichen mit dem Helden, dessen Waffe in regelmässigen Zwischenräumen auf die Feinde niedersaust (7, 64 s).

446[Das Gewicht ist ein Bild des Drückenden, hier in übertragenem Sinne ein Bild der Sorge (8, 50 s).

447] Der Teppich ist das Bild eines lang dahingestreckten Körpers, hier des niedergeworfenen Feindes (19, 42 r — s).

448] Das Elfenbein ist das Bild eines Körpers von glänzend weisser Farbe, daher wird im Morgante die Wange einer Dame mit ihm verglichen (3, 12 s — e), im Orlando die Zähne derselben (Bl. 111 — 112).

4

449] Der Schlüssel ist als das Bild eines Werkzeuges, welches uns den Zugang oder Ausgang zu irgend einem Orte verschafft, in eigentlichem Sinne gebraucht (22, 162₇) und in übertragenem (25, 61₁—₃).

450] Die Stecknadel ist in übertragenem Sinne das Bild eines Schmerz verursachenden Gefühls (24, 109₇).

451] Der Käfig ist das Bild des einen Helden im Kampfe umschliessenden Haufens (24, 143₆).

452] Das Gemälde ist das Bild eines schönen Kunstwerkes; die Färbung desselben ist daher auch ein Bild der Art der Ausführung eines Gedichtes (25, 1₆).

453] Das zum Spalten des Brennholzes erhobene Beil ist das Bild des im Kampfe geschwungenen Schwertes (26, 141₂—₄).

454] Die Leier, welche neu gestimmt werden muss, ist ein Bild der neu zu belebenden Dichtkunst (28, 152₁—₃).

455] Die Werkzeuge *(artigli)* überhaupt sind das Bild der Mittel, welche zur Erschliessung von irgend etwas angewandt werden, und zwar hier in übertragenem Sinne der Redekünste, die man gebraucht, um Jemanden auszuforschen (25, 51₂—₄).

456] Die Nägel, mit denen man das Eis beschreitet, sind das Bild der Vorsichtsmaassregeln, welche bei Ausführung eines gefährlichen Unternehmens zu treffen sind (28, 143₆).

457] Das Netz ist das Bild eines leicht zu zerreissenden Körpers, und ist in dieser Beziehung mit dem Spinnengewebe (cf. 440) in Climax nebeneinandergestellt (22, 133₂, 134₁).

458] Das Werg und das Pech, welche ein Schiff zusammenhalten und vor dem Versinken bewahren, sind dem göttlichen Schutze als schwache Hülfsmittel gegenübergestellt (22, 222₆—₇).

459] Der Schleier ist ein Bild des die vollständige Aussicht Hindernden, und zwar hier dessen, was eine vollständige Erkenntniss unmöglich macht (25, 146₄; 28, 35₆—₇).

460] Die Geissel ist ein Bild des Quälenden, des den Christen grossen Schaden zufügenden heidnischen Fürsten (26, 128₈).

461] Das leere Gefäss ist ein Bild des ungehindert den Eintritt gestattenden Gegenstandes; es wird daher mit ihm der geöffnete Rachen des Krokodils verglichen, in den der Ichneumon kriecht (25, 315₆).

462] Der Backofen ist ebenfalls das Bild eines mit einer grossen Öffnung versehenen Körpers, und zwar eines gewaltigen Maules (24, 75₈). Ferner sind mit ihm die gleichgestalteten, oben gewölbten Hütten eines Volkes verglichen (19, 91₈).

463] Die Wasserröhre ist das Bild einer Öffnung, aus der eine Flüssigkeit in grosser Menge hervorströmt (10, 46₄), hier einer Wunde.

464] Der Knoten ist ein Bild des Zusammenziehenden, aus dem ein Entrinnen nicht möglich ist, und in dieser Bedeutung ein Bild der Liebe (17, 15₃).

465] Der Strohhaufen ist als Bild einer dicht zusammengedrängten Menge gebraucht (7, 48₁).

466] Der Holzhaufen ist das Bild eines leicht entzündlichen Stoffes (24,102₄—₇).

467] Die glühende Esse ist das Bild eines Funken aussprühenden Gegenstandes (4,8₄—₇); es wird daher damit ein feuerspeiender Drache verglichen.

468] Die Marionette ist das Bild einer beweglichen Person, welche possirliche Sprünge macht (24,92₇—₈).

469] Das Flittergold ist das Bild des Trügerischen, der Täuschung (22,66₈).

470] Der Strohmann ist das Bild des Schwachen, des Hülflosen (21,142₁).

471] Der Berlingaccio, der Donnerstag der Fastnacht, hier jedenfalls derjenige, welcher diesen Tag durch übermässiges Schmausen feiert, ist das Bild des Beschmutzten (19,132₈).

472] Der Schmutz wird als etwas Gemeines häufig in Ausdrücken der Geringschätzung genannt (8,80₈; 10,84₈; 17,114₇; 18,141₈).

473] Das Abschlachten des Viehes ist das Bild eines blutigen Vorganges, bei dem Viele ihren Tod finden; es wird daher häufig mit einer blutigen Schlacht verglichen (7,55₈; 3,73₇—₈; 10,42₇ ....). Dasselbe findet sich in der Spagna (32,21₇—₈).

474] Das Labyrinth ist das Bild eines mit vielen Irrgängen versehenen Ortes (27,124₈; 27,169₈), oder einer verwickelten Lage überhaupt, aus der man nur mittels eines guten Führers, der unter Beibehaltung des Bildes ein Faden genannt wird, entrinnen kann (25,1₈—₈).

475] Der Kerker ist ein Bild dessen, welches gefangen hält, die Freiheit versperrt, und zwar wird die Verwirrung *(confusione)* ein Kerker der Seele genannt (27,150₈).

476] Das Grab ist in unkorrekter Weise als ein Bild dessen, der den Tod verursacht, hingestellt (27,167₈).

477] Die Stadt wird als ein Ort, der von Vielen bewohnt wird und zu dem viele Wege führen, als Bild des Himmels gebraucht (2,6₇—₈). In dieser Bedeutung werden die Strassen angeführt (25,135₈).

478] Die Höhle in der Wüste ist das Bild eines traurigen, öden Ortes (4,53₈).

479] In Gegensatz zu ihr wird der Garten gestellt, und zwar als Bild eines lieblichen Ortes (4,53₈).

480] Der dunkle Wald ist als ein Ort, aus dem ein Verirrter nur schwer den richtigen Weg wiederfinden kann, das Bild einer verwickelten Erzählung, welche ein Dichter begonnen und in der er sich, einmal verwirrt, nur schwer wieder zurecht finden kann (25,169₇—₈).

481] Das Kloster ist das Bild eines Ortes, in den irdischer Kummer und Sorge nicht eindringen, nämlich des Himmels (27,120₈).

482] Die Falle ist ein Bild des Verrathes (22,100₇—₈; 24,94₈; 25,60₈). Die zuschlagende oder schon zugeschlagene Falle ist das Bild des glückenden oder schon geglückten verrätherischen Unternehmens (7,59₁; 9,82₈; 22,15₇—₈; 22,29₇—₈).

483] In derselben Bedeutung wird das Vogelnetz, in das die Krammetsvögel hineinfallen, bildlich gebraucht (17, 130 ı; 13, 41 ɑ — ı; 18, 45 ɑ). Es ist das Bild des Verrathes, welcher Jemanden überall umgibt (10, 126 ɑ; 26, 72 ɑ); demgemäss ist das zerrissene Netz ein Bild des missglückten Verrathes (22, 73 ɑ; 24, 147 ɑ - ɑ).

484] Auch das Gewebe überhaupt ist das Bild eines fein geplanten Unternehmens, und zwar wieder nur des Verrathes (20, 18 ɑ; 22, 91 ɑ; 22, 81 ɪ). Die Fäden sind die zu diesem Unternehmen nöthigen Mittel; dieselben fehlen entweder (22, 32 ɑ — ɑ), oder sie können zerstört werden (6, 44 ɑ ɪ, oder ihr Anfang muss zur Enthüllung des Verrathes gesucht werden (24, 24 ɑ — ɑ). Der Einschlag zu einem Gewebe endlich ist ein Bild des wesentlichsten Theiles des Verrathes (27, 187 ɑ).

485] Die Kreise, welche man sich vorstellen muss, um eine Kugel zu verstehen, sind ein Bild dessen, was zum Verständniss eines anderen gedacht werden muss (27, 40 ı — ɑ).

486] Die Glocke ist das Bild eines tönenden, metallenen Körpers; mit ihr wird daher oft der Helm verglichen, auf den die Schläge des feindlichen Schwertes niederfallen, und zwar sowohl im Morgante (7, 64 ɑ; 15, 29 ɑ; 17, 68 ɑ — ɑ; 19, 43 ɑ; 26, 113 ɑ — ı), als auch im Orlando (Bl. 12; 105).

487] Der Schatz ist ein Bild dessen, der reich ist an etwas Schönem, daher ein Bild des an glänzenden Eigenschaften reichen Ritters (16, 47 ı). Ebenso im Orlando (Bl. 114).

An dieser Stelle endlich wollen wir noch die Gegenstände erwähnen, welche im Orlando und in der Spagna bildlich gebraucht sind, die sich aber nicht im Morgante wiederfinden. Im Orlando ist:

488] die Perle das Bild eines glänzenden Körpers, indem mit ihr das schöne Auge eines Mädchens verglichen wird (Bl. 111 — 112), sowie

489] der Knochen das Bild eines harten Körpers (Bl. 7).

490] In der Spagna ist nur noch die Galle als Bild einer bitter schmeckenden Flüssigkeit erwähnt (29, 12 ɑ).

491] Im Morgante sowohl wie in der Spagna bezeichnet der *bisante* oder die *medaglia* einen geringwerthigen Gegenstand; beide werden demgemäss in geringschätzenden Redensarten bildlich gebraucht (M. 5, 5 ɑ; 8, 61 ɑ; Sp. 28, 34 ɑ; 28, 46 ı; 30, 37 ɑ; 35, 35 ı - ɑ; 35, 40 ı; 37, 42 ı).

492] Endlich ist im Morgante das Schiff ein Bild des menschlichen Lebens. So ist das zwischen den Klippen befindliche Schiff ein Bild des gefährdeten Lebens (7, 75 ɑ), das beim Einlaufen in die Flussmündung noch scheiternde Schiff ein Bild des Menschen, welcher nahe dem Ziele seines Strebens noch in's Verderben geräth (25, 276 ɑ — ı). Auch bezeichnen die Manöver auf dem Schiffe bildlich bestimmte Handlungen in gewissen Lebensverhältnissen. Der, welcher das Hauptsegel setzt und die Ruder einzieht, ist ein Bild dessen, welcher im günstigen Augenblicke seinen Vortheil zu benutzen versteht und mit voller Kraft auf sein Ziel hinstrebt (25, 66 ɑ — ɑ); ebenso der, welcher zugleich Ruder und Segel benutzt (27, 3 ɑ). Endlich aber ist der Seemann, welcher die Segel nach dem Winde richtet, ein Bild des Mannes, welcher sein Benehmen nach den Verhältnissen einzurichten weiss (25, 59 ₁ — ₄). Das Schiff, welches ein anderes hinter sich herschleppt, zeigt uns das Bild der Dame, die ihren Liebhaber stets nach sich zieht (5, 3 ₁ - ₄).

493] Der Mastbaum ist das Bild eines hohen, mächtigen Körpers, gewöhnlich eines Giganten (5, 49 ₁; 17, 130 ₁; 19, 157 ₁ - ₃).

494] Wenden wir uns nun zu einer Charakteristik des Inhaltes der Bilder und Vergleiche im Morgante und seinen beiden Vorlagen, und fragen wir uns nach der Stellung, welche dieselben für sich, sowie im Verhältnisse zu einander einnehmen. Schon ein kurzer Überblick über den Inhalt der ersteren lässt deutlich erkennen, dass wir bei der Beurtheilung derselben zu scheiden haben zwischen den Bildern und Vergleichen, in denen sich das die ganze Dichtung Pulci's durchziehende Streben nach komischen Effekten ausspricht und solchen, welche von demselben frei sind. Die erstgenannte Klasse ist es, die für sich betrachtet werden muss, da sie ausser jedem Zusammenhang mit denen der Quellen stehn. Schon in den Anspielungen auf die christliche Religionsgeschichte lässt sich dieser satirisch-komische Zug nachweisen, z. B. bei Gelegenheit der Schilderung der massenweisen Ankunft der Seelen der Sarazenen in der Hölle (27, 54 ₁ — ₃) oder der Aufnahme der Seelen im Himmel (26, 91 ₁ — ₃), wo sich dieser Zug wohl am charakterischsten ausspricht. Weiterhin äussert sich derselbe deutlich in Bildern oder Vergleichen von der Art wie das unter 231 erwähnte, wo Morgante den Belzebub schneller oder weiter forttreiben will, als ein Dromedar in Syrien gehen würde. An einer anderen Stelle lässt er die Gefangenen so ruhig dahingehen wie Öl (427) und Rinaldo's Stärke diejenige des Essigs übertreffen (412). Oder ein Bote kehrt zu seinem Herrn zurück wie ein gebratener Kater (244), Orlando und sein Ross ruhen an der Quelle wie Piramus und Tisbe (189) u. s. w. Doch es würde uns zu weit führen, eine vollständige Übersicht über alle Bilder und Vergleiche zu geben, welche dieses Gepräge tragen; wir werden uns daher damit begnügen, auf die betreffenden Stellen zu verweisen: 5,50 ₆; 7,22 ₆; 7,50 ₇—₈; 7,65 ₇; 10,17 ₈; 10,46 ₄; 11,9 ₆; 12,44 ₆; 12,51 ₈; 13,38 ₂—₃; 15,42 ₈; 16,99 ₈—₄; 18,13 ₈; 18,106 ₄; 18,106 ₈; 18,134 ₂—₃; 18,138 ₂—₃; 18,151 ₄; 18,154 ₆; 19,40 ₈, 41 ₁—₃; 19,41 ₄; 19,42 ₇—₈; 19,53 ₁—₈; 17,96 ₈; 19,127 ₈; 19,142 ₅—₆; 19,176 ₈; 20,114 ₈; 21,28 ₇—₈; 21,36 ₇; 21,131 ₈; 21,142 ₇; 22,118 ₅—₈; 22,134 ₈; 22,198 ₂—₃; 22,201 ₆; 22,231 ₂; 23,6 ₈; 23,27 ₈; 23,34 ₈; 24,19 ₁—₄; 24,33 ₇—₈, 34 ₁; 24,59 ₈; 24,61 ₈; 24,97 ₈; 24,103 ₁—₃; 24,120 ₇; 24,168 ₁—₈; 25,13 ₄; 25,64 ₁—₄; 25,69 ₈; 25,267 ₈; 25,332 ₁—₄; 26,73 ₅; 26,135 ₁—₂; 26,142 ₅; 27,23 ₁—₄; 27,23 ₈; 27,43 ₈; 27,44 ₈; 27,54 ₁—₂; 27,54 ₅—₆; 27,54 ₇—₈; 27,57 ₇—₈; 27,74 ₄—₅; 27,94 ₈; 27,99 ₄; 27,274 ₃—₄; 27,242 ₅; 27,256 ₈; 27,264 ₆; 28,10 ₈; 28,26 ₆; 28,26 ₇—₈. Mehr aber noch als der Bilder und Vergleiche bedient sich Pulci geläufiger volksthümlicher Phrasen, bildlicher Redensarten und Sprüchwörter zur Erreichung seines Zweckes. Um nun eine vollständige Übersicht über den Charakter des Morgante nach dieser Richtung zu ermöglichen, werde ich eine Zusammenstellung derselben in einem Anhange meiner Untersuchung folgen lassen.

495] Was nun jene Bilder und Vergleiche anbetrifft, in denen die erwähnte Tendenz der Dichtung sich nicht bemerkbar macht, so interessirt uns ihr Inhalt nur insofern, als er auf den der Bilder und Vergleiche der Quellen Bezug hat. Eine Identität des Inhaltes der Bilder und Vergleiche beider Quellen mit denen im Morgante lässt sich nur in einem Falle, sub 365, eine Ähnlichkeit derselben sub 423 und 424 erkennen.

496] Eine völlige Übereinstimmung der Bilder und Vergleiche mit denen des Morgante ergab sich sub 160, 253, 302, 318, 331, 340, 348, 363, 420, 430, 448, 486 und 487, eine Ähnlichkeit derselben sub 334, 424. Genau an der correspondirenden Stelle, so dass wir also annehmen können, dass Pulci im wörtlichen Anschlusse an seine Vorlage dieselben ihr entnommen hat, begegnen uns aber nur die sub 302, 340, 420, 485 und 486 erwähnten Bilder und Vergleiche.

497] Eine gänzliche Gleichheit des Inhalts der Bilder und Vergleiche der Spagna mit denen des Morgante können wir sub 60, 151, 181, 220, 232, 241, 301, 343, 338, 349, 353, 366, 379, 380, 394, 421, 436, 481, 319, eine Ähnlichkeit des Inhaltes sub 227, 277, 354 konstatiren. Es lässt sich indessen hier eine Gegenüberstellung, wie wir sie vorhin anwandten, nicht ermöglichen; denn während der Parallelismus des Orlando und Morgante in inhaltlicher Beziehung wenigstens in dem ersten Theile des letzteren ein fast vollständiger ist, bildet der Inhalt der Spagna nur den allgemeinsten Grundriss zu den letzten Gesängen des Morgante, so dass an eine etwaige wörtliche Übereinstimmung beider nicht zu denken ist.

498] Originelle Bilder und Vergleiche, welche im Morgante nicht wieder anzutreffen sind, weist der Orlando sub 63, 66, 88, 328, 329, 376, 488 und 489 auf, von denen uns namentlich der Inhalt der vier erstgenannten durch die Länge der Ausführung, sowie die künstlerische Ausmalung in Erstaunen setzt. Sie finden sich sämmtlich in der letzten Hälfte des Orlando; es ist daher der Umstand, dass wir sie im Morgante vermissen, ein Zeichen für die fortschreitende Originalität der Dichtung Pulci's. Die zuletzt erwähnten (329—489) sind nur kurze, dem einfachen Naturleben entnommene Redefiguren.

499] In der Spagna begegnen uns sub 215, 216, 228, 226, 335, 240, 252, 359, 377, 425 und 490 inhaltlich von denen des Morgante verschiedene Bilder und Vergleiche; ihr Inhalt ist aber ein durchaus einfacher und war sicherlich bei allen Cantatori di piazza anzutreffen. Es ist daher, wie schon erwähnt, die Spagna in rima in keiner Weise mit dem Morgante maggiore zu vergleichen, da sich gerade in dem Theile des letzteren, welchem sie als Vorlage diente, die ausgeführtesten Bilder und Vergleiche, theilweise von hohem poetischem Werthe, zahlreich finden.

500] Wenn nun aber auch die Anlehnung des Morgante an seine Vorlage im ersten Theile eine höchst auffallende genannt werden muss, die sich sogar, wie wir sahen, stellenweise bis auf eine wörtliche Übereinstimmung der Bilder und Vergleiche erstreckt, so lässt sich doch eine bedeutende Vervollkommnung derselben auch in inhaltlicher Beziehung nicht verkennen. Dieselbe besteht namentlich in der originelleren Erfindung, sowie in dem grösseren Reichthum derselben; beides wird im nächsten Kapitel noch näher zur Anschauung gebracht werden.

Kapitel III.

Wann sind im Morgante und seinen Vorlagen Bilder und Vergleiche angewandt?

501] Bei der Beantwortung dieser Frage würde es uns natürlich zu weit führen, eine ebenso genaue Darstellung wie bei der Angabe des Inhaltes der Bilder und Vergleiche zu geben; wir werden daher nur die hauptsächlichsten Momente, wo sich dieselben angewandt finden, in unsere Betrachtung ziehen. Zunächst finden sich Bilder und Vergleiche zur Hervorhebung besonderer Eigenschaften der handelnden Personen, und zwar entweder äusserlicher, sinnlicher, oder innerer, sittlicher Eigenschaften. So schildert uns Pulci die vorzüglichen Tugenden Karl's des Grossen durch eine Reihe von aufeinderfolgenden Bildern, indem er ihn als das heilige Schwert zur Züchtigung der Feinde des christlichen Glaubens (370), als die überall hinleuchtende Sonne (360) und den guten Hirten, welcher seine Heerde wohl bewacht, preist (389); oder indem er ihn in einer Folge von Anspielungen auf hervorragende historische Persönlichkeiten den Moses des Volkes Gottes (114), den kriegserfahrenen Papirius Cursor (205) und den wohlthätigen und frommen Scipio nennt (206). Andererseits bezeichnet er einen grausamen heidnischen Despoten als den Pharao seines Volkes (115), oder einen betrügerischen Fürsten als einen Judas (140), einen Fuchs (233). Einen König endlich, welcher durch seine glänzende Ausstattung unter seinem Gefolge hervorragt, vergleicht er mit der Sonne oder dem Kometen, welche unter den Sternen hervorleuchten (360, 362).

502] In derselben Weise werden von dem Dichter auch die besonderen Vorzüge der Ritter hervorgehoben. Orlando ist im Morgante wie in der Spagna die Blume seines Geschlechtes und der ganzen Ritterschaft; seine Seele ist in ersterer Dichtung der Cäsar's an Adel und Tugenden gleich (207); seine Tapferkeit wird unzählige Male durch die verschiedensten Bilder und Vergleiche ausgemalt, er wird sogar einmal die natürliche Wärme des Reiches genannt (350). Die äusseren Eigenschaften werden weniger häufig hervorgehoben. Nur hören wir von den Rittern des Marsilio, sie seien so reich gekleidet gewesen, als wären sie Hochzeitmeister (382). Im Orlando ebenso wie im Morgante wird der Ritter genannt ein Schatz an Schönheit (487) und eine Quelle jeglicher Tugend (340).

503] In letzterer Beziehung, zur Hervorhebung äusserer Vorzüge, begegnet uns naturgemäss eine grosse Zahl von Bildern und Vergleichen bei der Beschreibung der Damen des Hofes. Während in der Spagna dieses Moment gänzlich fehlt, wird im Orlando die Dame verglichen mit einer Rose oder Lilie (302, 303); im Morgante ist ihr Gesicht roth und weiss wie Scharlach und Milch (410), ihr Auge glänzt wie ein Stern (363), und ihre Wange ist so weiss wie Elfenbein (448). Die Damen strahlen so hell wie die Sonne zur Mittagszeit (360), so dass ein Stern durch sie verdunkelt werden würde (363), oder sie sind so schön, dass sie uns erscheinen als Engel vom Himmel (143). Ihr Blick würde einen wilden Tiger bezähmen (218), die Wogen des sturmbewegten Meeres bändigen (336), ja sogar die Sonne und den Mond auf ihrer Bahn zum Stillstande bringen (361). Auf der anderen Seite gefällt sich Pulci aber auch darin, die Reize eines Mädchens dadurch anschaulich zu machen, dass er sie einzeln mit denen einer ganzen Reihe von Frauen, welche ihm aus der Mythologie bekannt sind, vergleicht.

504] Diese Art der bildlichen Ausdrucksweise unterscheidet ihn namentlich von dem Dichter des Orlando. Dieser Unterschied tritt uns recht charakteristisch bei der Gegenüberstellung beider Dichter, wie wir sie in Pio Rajna p. 232—233 finden, vor Augen. Im Orlando ist die Dame ein Stern (363), ihre Augen glänzen gleich Perlen (488), ihre Locken wie lauter Gold (328), ihre Nase scheint so fein wie aus Silber geformt (329), während ihr Gesicht und ihre Zähne so weiss sind wie Elfenbein (448).

505] Nicht weniger zahlreich sind die Bilder und Vergleiche, welche sich auf Liebesverhältnisse der Ritter und Damen beziehen. Die Liebe selbst ist eine Flamme, welche im Herzen der Liebenden brennt (349), eine Kette, welche sie an einander fesselt (441), oder ein Messer (369), ein Keil (442), welche in das Herz eindringen. Personificirt ist sie Amor oder Cupido, welcher seine brennenden Pfeile in die Herzen sendet (365), in welchen sogleich eine Gluth gleich der im Innern des Ätna (346) entsteht. Der Ritter betrachtet die Geliebte wie ein Adler die leuchtende Sonne (255), oder er wird von ihr geblendet wie ein Falke, welchem die Kappe abgenommen ist, vom Lichte des Tages (256). Wie ein Schiff das andere (492) oder wie die Sonne den Planeten (360) zieht sie ihn hinter sich her; sie ist sein Stern, welcher ihn leitet (363).

506] Im Orlando finden wir hier dieselben Bilder und Vergleiche angewandt wie im Morgante. Der Ritter ist das Licht und der Spiegel des Herzens seiner Dame (420, 423), und diese zieht ihn an wie ein Magnet (331). Wie viel grösser ist aber hier der Reichthum des Morgante gegenüber seiner Vorlage! Vergleichen wir z. B. die Beschreibung des Zusammentreffens Rinaldo's mit Luciana, so erzählt der Dichter des Orlando, nachdem er die Dame, wie schon früher einmal, mit einer Rose und Lilie verglichen hat, mit einfachen Worten das Erwachen der Liebe im Herzen derselben:

> Vide Rinaldo la stella divina
> Di lei innamorò quella affricante. (Bl. 96).

Dagegen heisst es im Morgante:

> Nè prima questa Rinaldo vede
> Che si sentì da uno stral nel core
> Esser ferito e con seco dicea:
> Ben mi hai condotto dove vuoi, Amore,
> A Sirogassa a veder questa Iddea
> Che più che 'l sol m'abbaglia di splendore. (M. 13, 49).

Weiter erzählt dann der Orlando:

> Della coppa servia la damigella
> Il pro Rinaldo e la brigata snella,

während im Morgante das Kredenzen weiter ausgeführt wird:

> Alcuna volta con certo rintoppo
> Or questo è quel che come nulla o meno
> Il fece per che rimahi al accrescere.

507] Zum Theil denselben Bildern und Vergleichen begegnen wir im Morgante für andere Leidenschaften, auch der Neid, die Rachsucht, der Verrath, der Zorn sind ein Feuer, welches denjenigen, welchen es einmal ergriffen hat, verzehrt. Den Neid vergleicht er auch mit einem Pfeile (365), den Schmerz über eine erlittene Unbill mit einem Dorne, welche in das Herz eindringen (323). Dieser Dorn kann nur durch das Gefühl befriedigter Rache wieder aus dem Herzen entfernt werden, dieses Gefühl selbst aber ist süss wie Zucker (405).

Die Begeisterung, welche, lange niedergehalten, plötzlich mit aller Macht hervorbricht, ist wie die Flamme, welche unter der Asche fortgebrannt hat, ohne bemerkt zu werden, die aber plötzlich, durch äussere Ursachen angefacht, mit entfesselter Gewalt wieder emporlodert (309).

508] Besonders zahlreich braucht Pulci Bilder und Vergleiche für die Verräther und ihr Thun. Ausserordentlich häufig sind sie, namentlich der hervorragendste unter ihnen, Gano da Pontieri, mit Judas Iscarioth verglichen (165); selbst in seinen Einzelheiten wird das Treiben Gano's mit dem dieses Jüngers verglichen; so der Kuss, welchen er vor dem Verrathe seinem

Opfer, dem Ulivieri, gibt (140). Er ist der Wolf in der christlichen Heerde (225), ein zweiter Cain (110); seine Schlauheit übertrifft die des Fuchses (233), seine Bosheit ist gleich der der Katze (244), die Lust am Bösen aber ist in ihm ein böser Samen, welcher nicht zerstört werden kann (299). Dabei besitzt er eine Beredtsamkeit, welche gleich der Christi, der vier Evangelisten (129, 130), Cicero's (204) oder Demosthenes' (194) ist, durch sie zieht er sich aus jeder Verlegenheit, indem er es versteht, seine Gegner als treulose Verräther erscheinen zu lassen. So bezichtigt er Orlando der Undankbarkeit und nennt ihn eine Schlange, welche man am Busen erwärmt, die aber, kaum in's Leben gerufen, sogleich einen Angriff auf das Leben ihres Wohlthäters macht (277). Unentschlossenheit kennt er nicht; der Unentschlossene gleicht in seinen Augen dem Schachspieler, welcher einen guten Zug bemerkt, der sich aber immer noch nach einem besseren umsieht (98). Der Verrath selbst ist eine Falle (482), ein Netz, ein Garn oder der Leim, womit man die Drosseln fängt (73). An einer anderen Stelle wird er als ein vergiftetes Messer bezeichnet, welches, stets zum Gebrauche bereit, an der Seite des Verräthers hängt (369); der letztere selbst aber ist ein Giftmischer, welcher mit vielen Schachteln, Flaschen und Büchsen auf den Untergang seiner Opfer hinarbeitet (99).

509] Neben den glänzenden Eigenschaften der Ritter aber sind es diejenigen ihrer Rosse, welche von Pulci hervorgehoben werden. Ihre Geschwindigkeit ist gleich oder grösser als die des Vogels (253), des Leoparden (221), des Pfeiles (365), des Windes (348) oder des Blitzes (357); ihre mächtige Gestalt vergleicht er mit einem Berge (343). Diesem Vergleiche begegnen wir auch sonst häufig zur Bezeichnung eines massigen, ungefügen Körperbaues, z. B. der Giganten (343). Diese sind sonst auch als Thürme (373) oder Mastbäume (493) bezeichnet, die in ihrem Falle ein Getöse hervorrufen, wie wenn eine Lawine oder ein Felsblock niederstürzt (89).

510] Weitaus am häufigsten aber bedient sich Pulci der Bilder und Vergleiche bei der Schilderung von Kämpfen, sei es der einzelnen Ritter unter sich, sei es ganzer Heere gegen einander. Hier findet er Gelegenheit, der lebhaften und wechselnden Handlung gemäss auch eine glänzende Redeweise zu entfalten und die herrlichen Eigenschaften seiner Helden durch passende Bilder und Vergleiche hervorzuheben.

Der Zweikampf beginnt damit, dass die Gegner einander Schimpfreden zurufen, indem sie sich gegenseitig mit dem Namen verachteter Thiere, namentlich des Hundes, belegen (241), oder indem sie den Werth des Feindes dem eines ganz gemeinen Gegenstandes, der Feige (319), des Bisante u. s. w. gleichstellen. Dann geht der Dichter zum Vergleiche der Waffen über. Die Lanze oder der *bastone*, die beständige Waffe der Giganten, wird mit einem Mastbaume (493) oder einem schweren Balken (435) verglichen. Beim Angriffe selbst liefern die Schnelligkeit sowie das Getöse der heranstürmenden und aufeinanderprallenden Rosse die zersplitternden Lanzen und Schilde einen stets willkommenen Vorwand zur Anwendung von Redefiguren. Dann wird der Kampf selbst in seinen Einzelheiten ausgemalt. Die Kämpfer krümmen sich vor Schmerz wie eine Muschel (288), während ihre Brust von dem Lanzenstosse so beengt ist, wie die eines Hustenden (384). Die Schwerter leuchten wie Blitze (357) oder Sterne (363), sie sausen auf den Gegner zischend wie Schlangen (277) nieder, und zwar mit einer Wucht, dass selbst ein Felsen von ihnen durchschnitten werden würde (344). Wie Glocken klingen die Helme (486), und man sieht mehr Funken umherfliegen wie Johanniswürmchen im August (292). Der Muth, das Ungestüm des Ritters gleicht dem des Ebers (227) oder des Stieres (226), ihre Stimme derjenigen des Löwen (308). Heftiger und heisser wird der Kampf, es scheint, als ringe ein Löwe und eine Schlange mit einander (217), bis es dem einen gelingt, den Kopf des Feindes zu spalten, als sei es der eines Hühnchens (273), oder als sei er eine Nuss (313), ein Kürbis (315), oder als sei er von Glas (419) oder Eis (353). Seinen Sturz begleitet ein lautes Getöse, so dass man glauben sollte, es falle ein Thurm (373), oder es gehe ein Bergsturz nieder (345).

511] Grade die Schilderung eines Kampfes ist es auch, in der sich Pulci seiner Vorlage weit überlegen zeigt. In der uns mitgetheilten Beschreibung des Zweikampfes des Orlando und Rinaldo begegnet uns im Orlando nur ein einziger Vergleich, nämlich der des tönenden Helmes mit einer Glocke (Bl. 105), wohingegen wir bei derselben Gelegenheit im Morgante reichlich Bilder und Vergleiche angewandt finden (15 ss — ss). In der Spagna ist zunächst die Schnelligkeit, mit der die Kämpfer auf einander losstürzen, verglichen mit der des Hirsches (232) oder mit der eines aus der Wurfmaschine geschleuderten Geschosses (366). Der Ritter spaltet den Helm seines Gegners, als wäre er von Wachs (421) oder Schnee (354), an Tapferkeit aber steht er Hector (181) gleich.

512] Führt aber der Held den Kampf nicht mit einem einzelnen Gegner, sondern hat er denselben gegen eine Übermacht von Feinden zu bestehen, so erzählt Pulci, er stürze sich auf diese wie der Löwe auf eine Heerde (62), er tödtet sie wie gemeine Hunde (241) uud würgt blutiger unter ihnen als der Tiger oder der Wolf (218, 225), so dass sich ein Meer von Blut um ihn sammelt (336). Dann gleicht er Mars (155), Hector (181) oder Achilles (180), er zerstreut seine Feinde wie die Morgensonne den Nebel (360) und jagt sie vor sich her wie der Wolf die Schafe (225), bis er endlich müde und erschöpft zurückkehrt, wie ein Jagdhund von der Verfolgung des Wildes (80).

513] Wir wollen hier die Vergleiche, welche aus dem letzten Theile des Orlando uns mitgetheilt sind, erwähnen, welche sich ebenfalls auf den Kampf beziehen. Dort ist der verfolgte, von allen Seiten bedrängte Mensch gleich dem Eber, welcher vergebens einen Ausweg sucht (66); der Verwundete, hier ein tödtlich getroffener Drache, schwankt wie ein von der Axt getroffener Baum (88). Die Feinde aber fliehen vor dem Helden wie die Schafe, welche den Wolf erblicken (68), oder die Vögel vor dem Sperber (253), oder so geschwind wie die bei der Laute Tanzenden (393).

514] In der Spagna kämpft der Held gegen die Feinde wie ein Drache (220) oder ein Eber (227), die Zahl der erschlagenen Feinde aber übertrifft diejenige der Hasen, welche auf der Jagd getödtet werden (240).

515] Kämpfe ganzer Heere gegen einander finden sich nur in den letzten Gesängen des Morgante weiter ausgeführt; das eine Mal bei Gelegenheit der Invasion der Antea, das andere Mal bei der Schilderung der Schlacht zu Roncisvalle. Dabei wird zunächst das gewaltige feindliche Heer, welches sich langsam heranwälzt, mit der Macht des Darius oder des Xerxes verglichen (191), das Getöse der heranrückenden Menschenmasse aber ist so gross wie der Donner der Scylla und Charybdis (91), der aufgewirbelte Staub so dicht wie der Sand am Meere (337). Als sich aber auch das andere Heer in Bewegung setzt, wird der Lärm so stark wie in der Schmiede Vulcan's (167), so dass er bis zu Jupiter empordringt (153) und ihm Furcht und Schrecken einjagt. Die Lanzenreihen senken sich auf beiden Seiten, wie wenn ein Sturmwind darüber hinfegte (348), der Zusammenstoss der geharnischten Reihen aber ist so furchtbar, dass Himmel, Erde und Hölle einzustürzen scheinen (364). Wie wenn vor zwei aus entgegengesetzten Richtungen kommenden Winden die Ähren eines Kornfeldes sich bald nach der einen, bald nach der anderen Seite neigen und sich der stärkeren Luftströmung beugen, so schwankt auch die Schlacht (90) je nach der Macht des Ansturmes der einen oder der anderen Partei. Wie Flocken im Schneegestöber (351) wirbeln die Kämpfer durcheinander, aber auch so dicht wie diese fallen die Seelen der Erschlagenen in die Hölle hinab, wo Lucifer sie verschlingt (93). Die feindlichen Reihen werden niedergemäht wie Gras (100), der Tod schliesst sich an die Tapferen an, eifrig mit der Sichel schneidend und oft genöthigt, dieselbe wieder zu wetzen (109). Endlich aber flieht das feindliche Heer

wie die Heerde vor dem Löwen (81) oder die Vögel vor dem
Sturme (253), das Schlachtfeld aber gleicht nach seiner Flucht
nur noch einem grossen Meere von Blut (338) oder einem
Brei von Blut und zerstückelten Gliedern (103). Aber auch
unter den Siegern hat der Tod manchen hinweggerafft,
mancher tapfere Ritter liegt sterbend auf dem Schlachtfelde.
Tieftrauernd, wie ein Kind, welches Vater und Mutter sterben
sieht (380), steht der Freund bei ihm; er kehrt von dem Todten
zurück wie ein Schiff, welches in den heimischen Hafen mit
grossem Verluste wieder einläuft (492). Er ruht aber nicht,
bis seine Rache die Feinde getroffen und er ihre Hauptstadt
in Flammen aufgehn sieht. Die Zerstörung, die Wuth und das
Entsetzen in der Stadt übertrifft dann an Furchtbarkeit das in
Sodom und Gomorra (127) oder Troja (61); Titus und
Vespasianus wütheten nicht so grausam in Jerusalem (209),
wie die Sieger in der eroberten Stadt, welche endlich in Flammen aufgeht. Sie gleicht einer Grotte in den dunkelsten Tiefen
der Hölle (150) und brennt, als bestehe sie aus trockenem
Laube (310), ihre Bewohner aber werden wie Kröten (278)
verbrannt.

516] Im Orlando begegnet uns keine derartige Schilderung,
weder eines Kampfes ganzer Heere gegen einander, noch der
Zerstörung einer Stadt.

Dagegen erzählt uns die Spagna die Schlacht zu Roncisvalle, sowie den Untergang Siragozza's; die erstere löst der
Dichter ganz in Einzelkämpfe auf; nur das Heranziehen der
verschiedenfarbigen Fahnen und Helmbüsche des Heeres vergleicht er mit dem Heranziehen der Wolken am Himmel (359),
sowie die Menge der in der Schlacht niederfallenden Pfeile und
Speere mit einem Hagelschlage (352). Ebenso wie Pulci bezeichnet er das Schlachtfeld nach dem Kampfe als einen See
von Blut (338). Endlich übertrifft in der Spagna das Wehklagen der Bewohner Siragozza's dasjenige der Trojaner (61),
ebenso das Gemetzel unter ihnen das unter den Bewohnern
Troja's oder Thessalien's (216).

517] Von anderen Stellen, wo sich eine Gegenüberstellung des Morgante mit seinen Quellen ermöglichen lässt, wollen wir nur die im Morgante und Orlando enthaltene Schilderung eines Seesturms erwähnen, um die um so viel grössere Fülle von Bildern und Vergleichen in dem ersteren zur Anschauung zu bringen. Während der Dichter des Orlando einfach berichtet:

> Ma una notte venne una fortuna
> Baleni, tuoni e tempesta s'aduna

(Bl. 147), ohne weitere Bilder und Vergleiche anzuwenden, vergleicht dagegen Pulci das gefährdete Schiff mit einem Kranken (384), welcher hin- und hertaumelt, die Wogen aber mit einem Gebirge, welches sich mit den Wolken zu vereinigen scheint.

Fassen wir nun das Urtheil, welches sich aus unserer Untersuchung ergibt, allgemein noch einmal zusammen, so hat sich ergeben, dass die Bilder und Vergleiche des Morgante maggiore sowohl an Zahl als auch an Länge der Ausführung und Originalität ihres Inhaltes in den letzten Gesängen diejenigen in den ersten 20 Gesängen dieser Dichtung weit übertreffen. Dennoch stehen auch die letzteren in dieser Beziehung weit über ihrer Vorlage, wenn auch Pulci zuweilen im engen Anschluss an die Worte derselben so weit geht, kurze Bilder und Vergleiche ihr zu entnehmen. Namentlich steht aber die Fülle der Vergleiche in den 5 Schlussgesängen zu der kleinen Zahl der in der Vorlage enthaltenen in keinem Verhältnisse.

Im Allgemeinen ist die Form der Bilder und Vergleiche sowohl im Orlando als auch in der Spagna in rima eine knappe und wenig veränderte, während Pulci sich der verschiedensten Formen zur Einführung und Ausführung seiner Vergleiche bedient. Ebenso ist der Inhalt der Bilder und Vergleiche der Vorlagen (mit wenigen Ausnahmen im letzten Theile des Orlando) durchaus den gewöhnlichsten Gebieten der Natur oder dem Leben entnommen und im Morgante in den meisten Fällen wieder anzutreffen.

Dagegen macht sich die Tendenz des Morgante in der drastischen Auswahl eines grossen Theiles seiner Bilder und Vergleiche geltend; doch tritt dieselbe in dieser Hinsicht stärker in den 23 ersten als in den 5 letzten zu Tage. In den letzteren begegnen uns vielmehr zahlreiche Bilder und Vergleiche von hohem, ästhetischem Werthe. Es ist daher das Urtheil, welches Crescimbeni in den *comentarj* zu seiner *Storia della Volgar Poesia* abgegeben hat und welches vielfach, wenn nicht allgemein, getheilt wird: *A confronto del Orlando del Bojardo l'opera del Pulci val poco e a petto a quella dell' Ariosto val nulla*, durchaus zu verwerfen, da Pulci hinsichtlich der Bilder und Vergleiche namentlich hinter Bojardo keineswegs weit zurücksteht. Abgesehen aber davon, dass diese Gegenüberstellung sich schon durch die Tendenz des Morgante verbietet, müssen wir einen Dichter, um sein Verdienst recht würdigen zu können, nicht nur mit seinen Nachfolgern, sondern vor allem mit seinen Vorgängern vergleichen, dann erst werden wir auch zu einer rechten Schätzung der hervorragenden Bedeutung Pulci's auf dem Gebiete des bildlichen Ausdruckes in der episch-romantischen Poesie seines Vaterlandes gelangen können.

Anhang.

Um dem Leser einen vollständigen Einblick in das Drastische und zugleich Volksthümliche der Darstellungsweise Pulci's zu geben, habe ich in Folgendem eine Zusammenstellung der von ihm verwandten volksthümlich-humoristischen Phrasen, der bildlichen Redensarten sowie der Sprüchwörter gegeben.

518] Im Kampfe oder in einer heftigen Bedrängniss finden wir häufig die Bezeichnung *giuoco* in verschiedenen Verbindungen:

    non pare giuoco (4,9₁; 12,29₂) *in der Bedeutung: eine Sache nicht leicht nehmen. Ferner*:
sentir (20,68₁) \
pensare (25,252₂) } come va il giuoco = } hören / sich denken / sich darum bekümmern } *wie der Kampf steht;*
curare (27,239₂) /

partire da giuoco = *vom Kampfe ablassen* (22,7₂), fare il giuoco *oder* fare il giuoco netto (11,37₁; 27,260₁) = *Jemanden tödten;* trovare un bel giuoco = *einen leichten Kampf finden*) 27,27₁).

519] In der Schlacht selbst haben wir zur Bezeichnung der Tapferkeit in der Bedeutung: **wacker kämpfen, unter den Feinden aufräumen, jemanden heftig treffen**, folgende Redensarten:

    appicare in sul capo una sorba (3,51₁); dar caldo d'altro che di sol (4,30₂); far cantare in tedesco (7,39₂); la rosta menare (7,49₂); fare amaggiar d'un altro agrume (10,36₂); fare al testo postille (13,38₂); far sentir se la spada è affilata (18,55₂); fare le gote altro che gialle (17,44₂); spianare il giubberello (19,53₇); guarire delle gotte (22,173₂); fare svegliar alcuno (22,178₂); fare a mosca cieca (23,38₂); non ischerzare col bastone (25,180₂) *oder* colla scimiterra (27,42₂); appiccare un bacio alla franciosa (25,304₁); far le lance rosse senza operar altro pennello (26,58₂.—₂); non accennar colla spada (26,135₂); fara una piazza in ogni luogo (27,66₁).

520] **Ähnliche Bedeutung** haben die Redensarten:

    amaggiar il metallo = *heftig getroffen werden* (6,29₂). — far due parte del capo, che non si appiccò poi colla pece = *jemandem den Kopf spalten* (22,107₂). — tener del diciotto (diciannove) ogni invito = *es mit jedem jederzeit aufnehmen* (3,71₂; 6,27₂). — volger le chiappe, però che il cul fa lappe lappe (24,125₁.—₂) *und* far la civetta (24,141₂) *in der Bedeutung: eilig fliehen.*

521] Viele Ausdrücke dieser Art begegnen uns an den Stellen, wo Pulci das Tödten eines Gegners schildert. So:

Wenn der Schlag ihn getroffen hätte, dann Non bisognava il medico venisse (1, 38 s) *oder* Non bisognava medico nè bagno (5, 56 s).

522] Für das Niederfallen, das Sterben und den Tod selbst braucht er folgende Redensarten:

non sentir mai più freddo nè caldo (5, 47 s.—s); lasciar la pelle (20, 3 ₇; 24, 35 ₇—s); cercar se la sala è ammattonata (20, 66 s); veder come la strada è piana (20, 90 s); trovare la bara (21, 39 s); non sentir mai più caldo nè rezzo (26, 75 s.—s); parere di notte innanzi vespro (27, 11 s.—s); cader morto senza dire omei (27, 25 s); cantar un vespro e rimaner fioco (27, 27 s); andar in qualche buco strano a sentir sotto come nasce il grano (27, 92 ₇—s); acquattarsi per sempre in terra (27, 95 s); morto cader senza poter dir mesci (27, 96 s).

523] Das Niederschlagen und Tödten eines Feindes wird folgendermassen ausgedrückt:

condurre a mal porto (4, 11 s); dare che asciolvere (6, 15 s—s); segnare del suo suggello (6, 49 s); dar l'ultimo asciolvere (11, 100 s); fare della vita tapino (12, 14 s); cantar il vespro ad alc. (16, 58 s); fare la barba di stoppa (18, 55 s); voler aver alc. in gelatina (22, 104 s); fare la barba rossa (24, 141 s); guarir del sordo (26, 63 s, *mit Bezug auf einen Lanzenstoss durch das Ohr*); mandare altrove (26, 134 s); segnare colla spada (26, 141 s, *mit Bezug auf die erzbischöfliche Stellung des Turpino*); fare la tomba aperta (27, 92 s).

524] Bei anderen Gelegenheiten finden wir noch folgende bemerkenswerthe Redensarten:

Die Freude der unterirdischen Gottheiten drückt Pulci auf folgende originelle Weise aus:

Pensa quel dì se menaron la coda
Eaco, il gran Minosse e Rodomante } (26, 90 ₁—s),

worin er denselben den aus dem christlichen Teufelsmythus bekannten Schwanz, mit dem sie bei dieser Gelegenheit vor Freude wedeln, zuertheilt.

Ferner:

dare la vita per quattro bisanti (10, 71 s),

oder von Schimpfreden:

re di naibì o di scacchi (7, 62 ₇), re di farfalle e di pecchie (10, 59 ₇); *sowie die für das Ansehen der Deutschen bei den Italienern höchst charakteristische Schmähung*: Tedesco pien di sugno (21, 138 s).

Dass die Deutschen übrigens von jeher den Ruf hatten, eine gute Kehle zu besitzen, geht aus der Fortsetzung der Rede hervor, wo es heisst:

Tu dei succiar più vin ch'acqua la spugna

oder aus einer Stelle im Canto 27 st. 276 s—s, wo es heisst, das Wasser sei verloren, welches da vorgesetzt wird, wo Deutsche zu Tische sitzen.

Von weiteren Redensarten dieser Klasse, woraus wir die komisch-satirische Dichtungsweise Pulci's klar erkennen können, führen wir noch folgende an:

525] Zur Bezeichnung einer grossen Geschwindigkeit bedient er sich folgender Wendungen:

non pareva soppo (13, 36 ı; 25, 225 ı); non correva, anzi batte le penne (20, 88 ı); andar, che la camicia non tocca l'anche (22, 208 ı—ı); non istar a pigliar lucciole (23, 34 ı); mettevon le penne (24, 142 ı—ı).

526] Ferner andere Ausdrücke in verschiedenen Bedeutungen:

porre a dormire i breviali (1, 66 ı) = *die Bücher bei Seite legen. Das Wort mangiare wird umschrieben durch:* ragionar col dente (2, 22 ı); *»nicht essen« durch:* mangiare in sogno (2, 23 ı), *»hungrig sein« mit:* il gorgozzul pizzica (4, 36 ı) *oder* indugiarsi il finocchio (25, 291 ı). *Um die Grösse des Hungers auszudrücken, sagt er*: saltato in aria arebbono ad un pane (23, 41 ı) *oder* per la fame non veggon già lume (23, 42 ı), *sowie:* veder come l'arcobaleno la fame (23, 41 ı) — *»Freude haben« finden wir ausgedrückt durch Redensarten wie:* battere ogni ala (9, 5 ı), battere le penne (24, 13 ı) nuotar nel lardo (24, 168 ı). *»Er hat eine sehr grosse Freude« heisst*: Lo zucchero li trabocca (24, 168 ı). — *»Keine unnützen Worte verschwenden«*: non gittare le perle in bocca al ciacco (8, 81 ı). — *»Jemanden durchprügeln«*: imbottire il giubberello (17, 68 ı). — *»Von Grund aus schlecht sein«*: essere cattivo insin nell' uovo (18, 141 ı). — *»Es ist mehr Leid als Freude in etwas«*: il mal avanza nella zucca (18, 195 ı). — *»heftig lachen«*: smascellare delle risa. — *»aus dem Fasse trinken«*: baciare il barlotto (19, 133 ı). — *»Die Herrlichkeit ist aus«*: il barlotto è sgocciolato (22, 86 ı). — *»allen Verstand aufbieten«*: aguzzar tutti i suoi ferri (24, 18 ı). — *»ich weiss nicht, wie er jetzt sprechen wird«*: non so come le cetere or distende (24, 21 5). — *»einen doppelten Fang machen«*: pigliar due colombi a una fava (7, 26 ı—ı). — *»voreilig sein«* non aspettar che si tocchi il simbello (24, 38 ı). — *»mit Lügen kommt man nicht durch*: le bugie son zoppe (24, 38 ı). — *»in der Ferne scheint Alles gleich zu sein«*: ogni mosca è per l'aria un grue (24, 44 ı). — *»zwei Streiter um einen Gegenstand«*: due gran ghiotti a un tagliere (7, 82 ı). — *»sich unterwerfen«*: calar le sarte e raccoglier le vele (24, 117 ı). — *»meine Meinung ist irrig«*: il mio latino è falso (24, 132 ı). — *»es ist noch nicht Zeit, auf das Ziel loszugehn«*: veder ancor la sorba acerba (25, 13 ı). — *»einen ausforschen«*: inzalzare il dente (25, 51 ı). — *»seine Gesinnung ändern«*: volgere la punta della lancia (25, 56 ı). — *»von Allen angegriffen werden«*: dar il bersaglio a ogni mira (24, 44 ı). — *»Einen duchprügeln«*: ragguagliare le costure (19, 101 ı). — *»Leid statt Freude finden«*: trovare tosco per succhero e mele (7, 70 ı). — *»Auf Freude folgt Leid«*: dopo il miele è'l tosco (19, 111 ı). — *»sich leiten lassen«*: lasciarsi guidar pel naso (25, 118 ı). — *»Die Wahrheit ist offenbar«*: il ver con man si tocca (25, 168 ı). — *»Ein schlechter Mensch thut dem anderen nichts«*: Grattugia con grattugia non guadagna (25, 266 ı—ı). — *»Ein doppeltes Spiel spielen«*: sonare a doppio (26, 96 ı). — *»etwas unerklärlich finden«*: non sapere interpretare il testo (26, 133 ı). — *»heftig klagen«*: far di pianger roco (27, 223 ı). — *»nach dem Tode jemandes verlangen«*: crucifiggi gridar (27, 267 ı). *»aufgeknüpft werden«*: far crucciare il vento (27, 268 ı). — *»jemand wurde heftig gequält«*: il cacio gli sapea di muffa (28, 9 ı). — *»Muth bekommen«*: il cor cresce (15, 12 ı; 17, 134 ı).

In Bezug auf den Verrath Gano's erwähnen wir folgende Redensarten:

»verrathen sein«: esser giunto al boccone (7, 27 ı). — *»man kann auf viele Arten sein Ziel erreichen«*: vassi a Roma per più strade (7, 27 ı). —

»*sich einschmeicheln*«: acconciar ben l'orpello (9,71₁). — »*wieder neuen Muth bekommen*«: ritrar fuor le corna (12,3₄—₅). — »*den Verräther strafen*«: tarpiar il traditore (11,71₄). — »*mit den Augen zwinkern*«: porre (ridere) l'occhiolino (22,54₈). — »*für viel wenig bieten*«: mostrar per datter men che cerri (24,18₄). — »*Frieden erbitten*«: mandare le carte bianche (22,208₄). — »*er wird unwillig*«: il moscherino gli monta in sul naso (20,40₁).

527] Als interessante Anmerkung kann man hier diejenigen unter den angeführten bildlichen volksthümlichen Redensarten erwähnen, welche sich im Deutschen vollständig oder doch theilweise wörtlich in derselben Bedeutung wiederfinden. Ich werde aber davon absehen, die italienische Form zu wiederholen, vielmehr nur auf die entsprechende Stelle verweisen.

»*Es scheint mir kein Kinderspiel zu sein*« (*cf.* 4,9₁). — »*Jemandem eine Nuss geben*« (*cf.* 3,51₆). — »*Die Klinge schmecken*« (6,29₈). — »*Die Haut lassen*« (20,3₁; 24,35₁—₅). — »*Grillen fangen*« (23,34₁). — »*Seine Bücher zur Ruhe legen*« (*cf.* 1,66₄). — »*Die Perlen vor die Säue werfen*« (*cf.* 8,81₂). — »*Die Kehle kitzelt mir*« (4,36₂). — »*Jemandem die Jacke vollklopfen*« (17,86₁). — »*alle Hebel in Bewegung setzen*« (24,18₅). — »*andere Saiten aufziehen*« (*cf.* 24,21₁). — »*Lügen sind lahm, oder haben kurze Beine*« (24,38₂). — »*Die Segel streichen*« (*cf.* 24,117₂). — »*Ich bin mit meinem Latein zu Ende*« (*cf.* 24,132₂). — »*sich an der Nase führen lassen*« (*cf.* 25,118₂). — »*Die Wahrheit lässt sich mit den Händen greifen*« (*cf.* 25,168₁). — »*Viele Wege führen nach Rom*« (*cf.* 7,27₁).

528] Haben wir nun im Vorhergehenden die volksthümlichen, sprüchwörtlichen Redensarten vorgeführt, so wollen wir auch nicht unterlassen, noch einen kurzen Blick auf die Sprüchwörter selbst zu werfen. Dieselben sind entweder ausdrücklich als Sprüchwörter bezeichnet, oder doch unschwer als solche zu erkennen. Auch sie tragen mit dazu bei, der ganzen Dichtung eine wesentlich volksthümliche Färbung zu geben; es ist daher, obgleich ein genaueres Eingehen auf die einzelnen *proverbj* nicht in den Rahmen unserer Betrachtung gehört, eine Aufzählung der hauptsächlichsten derselben immerhin von Wichtigkeit. Sie entsprechen dem Sinne nach wenigstens grösstentheils den in dem deutschen Volksmunde gebräuchlichen; wo dieses der Fall ist, werde ich die sich entsprechenden einander gegenüberstellen.

Al savio suol bastar poche parole (1,53₁). — Il can, che morde, non abbaja invano (6,41₄). — chi per forza vuol tirar l'arco, Benchè sia sorian, vai che si spezza (7,77₄—₅), d. i.: *Allzu straff gespannt zerbricht der Bogen*. — Sempre avvien, che chi minaccia Ne suol la pace a casa poi portare (8,84₂—₄). — Del servire al fin mai non si perde (9,66₂): *Gefälligkeit schadet Niemandem*. — Avvien, che spesso poi si rida Di quel che troppo alla fortuna si fida (10,68₁—₂). — Il giuoco netto piace in ogni lato (13,62₄). — Ben verrà la saetta, quando e'tuona (14,8₂): *Auf den Blitz folgt der Donner*. — Pero battiamo il ferro mentre è caldo (17,23₃): *Schmiede das Eisen, wenn es warm ist*. — E' non ha tempo mai chi tempo aspetta (18,39₄). — Non giudicate nulla innanzi al fine (19,26₂): *Du sollst den Tag nicht vor dem Abend loben*. — Non si perde mai nessun piacere (21,18₄): *Kein Dienst ohne Lohn*. Oder *in demselben Sinne*: Non si perde servigio mai nessuno (21,114₁), *und ebenso*: Sempre servigio il cuor d'amor raccende, E vien da generoso animo e magno, E torna a casa con guadagno (21,115₈.—₉). — Ogni improvviso ben più piacer suole, Come il mal non pensato anco più duole (19,115₇...₈): *Unverhofftes Glück ist doppeltes Glück, Unverhofftes Leid schmerzt doppelt*. — Chi cerca truova e chi si dorme sogna (21,160₈): *Wer sucht, der findet*. — La fortuna ajuta gli arditi sempre e' timidi rifiuta (21,161₁—₂): *Dem Tapferen ist das Glück hold*. — Sempre chi piglia i lioni in assenzia, Vedrai che teme d'un topo in presenzia (22,121₇—₈). — Chi ben siede, al fin mal pensa (24,9₈). — Il sabato non paga sempre Cristo (24,34₈). — Chi s'adira non è consigliato (24.51₈): *Der Zornige hört keinen Rath*. — Ognun chi nasce convien che mora (24,164₈): *Alle Menschen müssen sterben*. — L'una virtù l'altra a se chiama (25,34₈): *Eine Tugend folgt der anderen*. — La mattina il monte vicitare alle volte è grato e sano, poi verso sera vicitare la fonte (25,53₈.—₉). — Egli è de' miseri conforto, Di veder come lor qualche afflitto (25,209₈.—₇): *Getheilter Schmerz ist halber Schmerz*. — Grattugia con grattugia non guadagna (25,266₁): *Eine Krähe hackt der anderen die Augen nicht aus*. — Fuoco nè ferro a virtù nuoce (25,276₈). — Tra furbo e furbo non si camuffa (25,279₁): *Ein Schelm betrügt den anderen nicht*. — Ogni cosa è men dura che la morte (26,14₈): *Der Tod ist das grösste der Übel*. — Ciò che sale al fien vien poi in bassezza (26,31₁): *Wer hoch steigt, fällt tief*. — L'uomo ha solo il meglio per nemico (26,120₈). — Dolce cosa è vendicar giusta onta (27,87₈): *Rache ist süss*. — Serrar l'uscio ricevuto il danno (27,169₇): *Den Brunnen zudecken, wenn das Kind hineingefallen ist*. — Ogni uccel canta nel suo linguaggio (27,114₈): *Ein jeder Vogel singt, wie's ihm im Herzen klingt*. — Il fin è il testimon dell' opra (27,271₈). — Morte ogni odio, ogni cosa discioglie (27,280₈): *Der Tod löscht alle Leidenschaften aus*. — Chi più sa, men crede (28,34₈): *Je mehr man weiss, desto weniger glaubt man*. — Sempre i giusti son primi i lacerati (28,42₈): *Die Gerechten müssen viel leiden*. — Tanto la voglia è in se più desiosa, Quanto più presso al fine è ogni cosa (28,47₁—₈). — Ogni cosa ben fa chi teme Dio (28,127₈): *Der Gottesfürchtige handelt stets gut*. — Non morda ignun chi ha zanne, non che denti (28,137₇).